de l'étang

C'est toute la carrière de Virginia Woolf qui apparaît en filigrane dans ce recueil de vingt-cinq nouvelles inédites : *Phyllis et Rosamond*, la première, date de 1906, soit deux ans avant la publication des premiers essais et critiques dans les magazines londoniens ; quant à *La Station balnéaire*, elle l'a composée moins d'un mois avant sa mort et c'est sans doute la dernière œuvre de fiction achevée.

La présentation par ordre chronologique permet de suivre l'évolution de son génie créateur, car elle, qui veut « réformer la forme, capturer une multitude de choses encore fugaces dans un tout clos et donner corps à l'infini de ces présences étranges », se livre à des expériences formelles toute sa vie dans ses romans comme dans ses nouvelles.

De leur caractère expérimental naît leur extrême variété. Histoires à la trame narrative classique ou instants de vie – on y découvrira quatre invités de Mrs Dalloway – portraits poussés au noir ou méditations diaphanes, ces nouvelles sont un peu l'éprouvette où se dépose l'œuvre, comme loin des contraintes, depuis les années de jeunesse jusqu'au dernier mois où l'appel des eaux dormantes est venu couvrir toutes les autres voix.

Virginia Woolf est née en 1882. Son père, Sir Leslie Stephen, érudit et philosophe, était un personnage important du monde des lettres. Après une enfance solitaire, vouée aux études, elle épouse l'économiste Leonard Woolf en 1912. Tous deux, en éditeurs amateurs, fondent la Hogarth Press où ils publient les premières œuvres de T. S. Eliot, Katherine Mansfield, E. M. Forster. Leur maison à Londres est un véritable centre littéraire, appelé à devenir le célèbre « Bloomsbury Group ». Après quelques œuvres de jeunesse, le talent de Virginia Woolf s'affirme entre 1921 et 1927. Sujette à des crises nerveuses de plus en plus fréquentes et craignant de perdre la raison, elle met fin à ses jours en 1941.

Virginia Woolf

La fascination de l'étang

proses

TRADUIT DE L'ANGLAIS
PAR JOSÉE KAMOUN

Préface de Susan Dick
Notes de Susan Dick et Josée Kamoun

Éditions du Seuil

Cet ouvrage a été édité
sous la direction d'Anne Freyer

TEXTE INTÉGRAL

EN COUVERTURE :
Osbert, *Jeunes Filles près d'un lac*
Collection Osbert
Archives Bulloz

Titre original :
*The Complete Shorter Fiction
of Virginia Woolf,*
(edited by Susan Dick)
Éditeur original : The Hogarth Press, Londres

ISBN ORIGINAL 0-7012-0643-8
© 1917, 1919, 1921, 1923, 1944, 1973, 1985
Quentin Bell, Angelica Garnett, Julian Bell
pour les textes de Virginia Woolf
© Susan Dick pour la préface et les notes, 1985

ISBN 2-02-013399-7
(ISBN 2-02-011619-7, 1re publication)

© Éditions du Seuil pour la traduction française, mars 1990

La loi du 11 mars 1957 interdit les copies ou reproductions destinées à une utilisation collective. Toute représentation ou reproduction intégrale ou partielle, faite par quelque procédé que ce soit, sans le consentement de l'auteur ou de ses ayants cause, est illicite et constitue une contrefaçon sanctionnée par les articles 425 et suivants du Code pénal.

Préface

C'est toute la carrière de Virginia Woolf qui apparaît en filigrane dans ce recueil de nouvelles : « Phyllis et Rosamond », la première, date de 1906, soit deux ans avant la publication de ses premiers essais et critiques dans des magazines londoniens ; quant à « La station balnéaire », elle l'a composée moins d'un mois avant sa mort et c'est sans doute sa dernière œuvre de fiction achevée.

La présentation par ordre chronologique qui a été choisie ici permet de suivre l'évolution de son génie créateur, car elle qui veut, comme elle le dit en 1908, « réformer la forme, capturer une multitude de choses encore fugaces dans un tout clos et donner corps à l'infini de ces présences étranges », se livre à des expériences formelles toute sa vie, non seulement dans ses romans, mais aussi dans ses nouvelles. Lorsqu'elle se plaint en 1917 du volume et du poids écrasants du roman, c'est pour ajouter : « Je crois qu'il faudrait inventer une forme tout à fait nouvelle, mais enfin je m'amuse beaucoup à me faire la main sur ces pièces courtes. »

De leur caractère expérimental naît leur extrême variété. Ainsi on trouvera dans « La veuve et le perroquet » une trame narrative classique et des personnages vigoureusement dessinés tandis que « La fascination de l'étang » se présente comme une rêverie, avec des changements de perspective et un lyrisme évoquant l'essai autobiographique tel que des auteurs comme Thomas de Quincey l'ont conçu. D'autres textes, que l'on pourrait appeler « scènes » ou « croquis » tirent sans doute les enseignements de Tchekhov, dont Virginia Woolf rappelait en 1919 qu'il avait établi la légitimité des histoires sans conclusion. Ainsi le statut du narrateur change sans cesse : observateur aigu du monde dans certains textes, metteur en scène des perceptions et des réflexions des personnages dans d'autres, il se fait en quelque sorte auteur-compositeur-interprète dans les rêveries, repoussant ainsi les limites du genre, au point que la ligne de partage entre l'essai et la nouvelle n'est plus qu'un fil ténu.

Œuvres de jeunesse, les quatre premières nouvelles du recueil sont un peu des œuvres d'apprentissage. L'écrivain s'y entraîne à créer des personnages et des situations ; elle s'y trouve une voix et un style bien à elle. Ce qui est représenté là, ce sont les rapports des personnages principaux, tous féminins, avec la société qui est la leur. Phyllis et Rosamond vivent dans le Londres de 1906, tout comme l'évanescente miss V., tandis que « Le journal de Maîtresse Joan Martyn » nous renvoie au Norfolk du quinzième siècle. « Mémoires de romancière », où sont créées, outre la romancière en question, sa biographe et la critique de celle-ci, offre l'image d'une vie de femme dans l'Angleterre victorienne tout en témoignant de l'intérêt jamais démenti de Virginia Woolf pour le rôle du biographe.

En 1922 Virginia Woolf a achevé *La Chambre de Jacob* et commence à définir les grandes lignes de son prochain livre qu'elle compte intituler *La Soirée : intérieur*. « Ce sera un roman court, écrit-elle, pas plus de six ou sept chapitres chacun formant un tout, avec pourtant une manière d'unité. » Le premier chapitre de la liste, c'est « Mrs Dalloway dans Bond Street », cette nouvelle qui va bientôt prendre les proportions d'un roman.

« Mrs Dalloway dans Bond Street » marque une étape fondamentale dans la recherche de l'écrivain car c'est la première fois qu'elle réussit à placer son narrateur dans la conscience de son personnage pour montrer pensées et émotions comme elles viennent. Elle est en train de lire *Ulysse* et sa présentation de la vie intérieure de Clarissa Dalloway doit sans doute quelque chose à Joyce, même si l'on trouve les germes du monologue intérieur dans de précédentes nouvelles. Finalement, en 1925, elle se ravise, abandonne son idée de chapitres et écrit *Mrs Dalloway*, qui n'en comporte pas. Aussitôt elle entreprend une série de huit nouvelles qui se déroulent toutes pendant la réception de Mrs Dalloway et présentent, du point de vue d'un ou deux personnages, les tensions subtiles dont est faite «la conscience collective de la soirée». Elle a renoncé à son projet initial et pense que ces nouvelles sont peut-être un passage vers son prochain livre. Sitôt la dernière achevée, qu'elle intitule précisément «Mise au point*», elle entreprend *La Promenade au phare* où elle exploite avec brio les techniques narratives qu'elle vient ainsi d'expérimenter.

Entre 1917 et 1925, Virginia Woolf écrit vingt-cinq nouvelles, trois romans, un recueil d'essais, sans compter de nombreux articles critiques. Les seize années suivantes elle écrira dix-sept nouvelles. Encore et toujours, ce sont ces pièces courtes qui lui servent d'atelier. Ainsi, lorsqu'elle compose «La fascination de l'étang», elle songe déjà à son prochain roman, *Les Vagues*. Parmi les nouvelles écrites dans les années trente, certaines, comme «Trois tableaux», «La partie de chasse» et sans doute l'«Ode», ont probablement été inspirées par des images vues, des anecdotes vécues. Sa galerie de personnages va s'enrichir d'un énigmatique officier de marine, d'une dame de charité infatigable, d'un boucher de Pentonville et même d'une chienne plus qu'indépendante. Dans ces nouvelles comme dans les premières, c'est souvent par la mémoire et l'imagination que le personnage échappe à la grisaille du quotidien.

Ces derniers récits ont pour la plupart été écrits longtemps auparavant et elle se contente de les réviser. C'est avec un plaisir manifeste qu'elle tient registre, dans son journal, des sommes qu'elle en tire, mais elle a beau dire de certains d'entre eux qu'ils sont tout juste bons pour les Américains et prétendre qu'elle les écrit pour faire bouillir la marmite, ses manuscrits et même ses versions définitives montrent assez le soin qu'elle y apporte. On ne pourra jamais l'accuser de légèreté, elle qui écrira vers la fin de sa vie : «Je sens dans mes doigts le poids de chaque mot, même dans un simple article pour une revue.»

---

* Publiée dans *La Mort de la phalène*, Éd. du Seuil, 1968, trad. Hélène Bokanowska.

LA FASCINATION DE L'ÉTANG

On trouvera ici regroupées des nouvelles dont Virginia Woolf a publié la version définitive et d'autres, inédites, qu'elle n'a pas même révisées. Nous avons préféré ne pas en faire deux catégories afin de ne pas rompre la continuité et la dynamique de cette œuvre que le brut et l'ébauche éclairent tout autant que l'achevé.

Phyllis et Rosamond

En ces temps singuliers où nous nous mettons à réclamer le portrait des gens, peut-être ne sera-t-il pas vain de livrer ici une esquisse, fidèle à défaut d'être habile, de leur façon de penser et de se vêtir.

Chacun devrait tenir registre de ses faits et gestes quotidiens, entendais-je dire l'autre jour : la postérité s'en réjouirait tout autant que nous si le portier du Globe ou le gardien du Parc avaient couché sur le papier le détail de leur samedi 18 mars, en l'an de grâce 1568[1].

Or, comme les rares portraits en notre possession sont presque invariablement de personnages masculins, qui paradent volontiers sur le devant de la scène, il ne semble pas inutile de prendre ici pour modèle l'une de ces nombreuses femmes assemblées dans l'ombre. Car histoire et biographie enseignent à toute personne qui pense juste que ces silhouettes obscures occupent une place comparable à celle du montreur de marionnettes, doigt posé sur le cœur. Certes, nos yeux naïfs ont cru des siècles que les figurines dansaient toutes seules les pas de leur choix ; et la lumière partielle et partiale que les historiens et les romanciers commencent à jeter sur l'ombre très peuplée des coulisses n'a guère fait jusqu'ici que montrer combien les ficelles sont nombreuses, en d'obscures mains qui décident d'un coup de poignet toute la chorégraphie — préambule qui nous ramène à notre point de départ : nous nous proposons d'observer de très près un petit groupe qui vit aujourd'hui, 20 juin 1906, et semble, pour des raisons que nous allons donner, présenter des traits communs à beaucoup. Le cas est banal car en somme elles sont légion, ces jeunes filles de bonne famille dont les pères sont de hauts fonctionnaires ; et, si elles rencontrent des problèmes analogues, il n'y a guère de chances, hélas, qu'elles y apportent des réponses bien variées.

Elles sont cinq filles, vous expliqueront-elles, mélancoliques, comme regrettant à vie cette erreur initiale au nom de leurs parents. En outre, elles se divisent en deux camps de deux sœurs, la cinquième balançant entre les deux. La nature a doté deux d'entre elles d'un tempérament résolu et combatif qui trouve sa voie dans l'économie politique et les problèmes sociaux, domaines auxquels elles se consacrent avec quelque bonheur. Les deux autres sont des femmes d'intérieur, de complexion plus frivole, plus sensible, moins sérieuse. Elles sont donc condamnées à faire, comme on dit, les jeunes filles de la maison. Leurs sœurs décident de cultiver leur intelligence, vont à l'université, y brillent et épousent des universitaires. Leur carrière ressemble tant à celle des hommes qu'elle ne vaut guère qu'on s'y arrête ici. La cinquième est moins nette dans ses choix, mais elle se marie à vingt-deux ans et n'a donc pas le temps d'incarner le type de la « jeune personne » que nous avons entrepris d'évoquer. C'est chez les deux jeunes filles de la maison — nous les appellerons Phyllis et Rosamond — que nous trouverons le meilleur terrain d'enquête.

Quelques données pour nous aider à les situer avant d'entamer nos recherches : Phyllis a vingt-huit ans, Rosamond vingt-quatre. Elles sont bien de leur personne, pleines de vivacité, les joues roses. L'œil exercé ne leur trouvera pas la beauté classique mais leurs toilettes et leur maintien en donnent l'illusion. On les croirait nées dans les salons comme si, venues au monde dans la soie des robes du soir, elles n'avaient jamais foulé sol plus rude que les tapis d'Orient ni connu siège plus dur que les fauteuils ou le sofa. Elles sont dans un salon plein d'invités en tenue de soirée comme le négociant à la Bourse, l'avocat au Palais. Chaque geste, chaque mot le proclame, c'est ici leur province, leur lieu de travail, leur arène professionnelle ; c'est ici, de toute évidence, qu'elles pratiquent les arts qu'on leur enseigne depuis l'âge le plus tendre ; ici peut-être qu'elles remportent leurs victoires et gagnent leur pain. Il serait facile de pousser la métaphore, facile et injuste : elle ne recouvre pas toute la réalité — en quoi et pourquoi, c'est ce qui fera l'objet d'une patiente recherche.

Car il faut être en mesure de suivre ces jeunes filles chez elles, d'entendre leurs commentaires à la chandelle quand elles se couchent. Il faut être auprès d'elles le lendemain au réveil et les voir évoluer toute la journée. Et même ainsi ce n'est pas en un jour qu'on pourra réévaluer les impressions produites le soir au salon.

De la métaphore employée plus haut, retenons ceci : le théâtre du salon est leur lieu de travail et non de distraction. Cela apparaît sans équivoque dans la scène de la voiture, sur le chemin du retour. Lady Hibbert se fait critique, et critique sévère, du jeu de ses filles. Elle a noté si elles se sont montrées à leur avantage physiquement, dans leur conversation et dans leurs manières ; si elles ont plu à ceux qu'elle juge recevables et déplu aux indésirables ; si dans l'ensemble elles ont fait bonne impression. A entendre le détail de ses nombreux commentaires, on conçoit aisément qu'un divertissement de deux heures représente pour ces artistes un vrai travail d'orfèvre. Apparemment, l'enjeu est d'importance. Que leur mère les blâme ou les loue — et sa censure est sévère —, les filles répondent docilement puis se taisent. Enfin seules dans la modeste chambre qu'elles partagent au dernier étage d'une maison imposante et laide, elles s'étirent et soupirent de soulagement. Leur conversation n'est guère édifiante. Elles parlent boutique, calculent profits et pertes sans autre intérêt en tête que le leur — elles que l'on a peut-être entendu causer de livres, de pièces et de tableaux comme si c'était là toute leur vie et qu'elles ne venaient aux soirées que pour en parler !

L'heure est à la franchise sans fard, mais on observe quelque chose qui pour être sincère n'est pas laid du tout : les deux sœurs s'aiment pour de bon. Leur affection prend essentiellement la forme d'une franc-maçonnerie qui est tout sauf sentimentale.

Elles partagent craintes et espoirs, mais c'est là un sentiment authentique et profond sous des dehors prosaïques. Elles sont en tout point loyales l'une envers l'autre et il y a même quelque chose de chevaleresque dans l'attitude de la cadette envers l'aînée. Comme elle est la plus vulnérable, étant la plus âgée, elle a droit à tout ce qu'il y a de mieux. La gratitude avec laquelle Phyllis accepte ces avantages a un côté pathétique. Mais il se fait tard et, songeant à la fraîcheur de leur teint, ces jeunes filles professionnelles se font mutuellement observer qu'il est temps d'éteindre la lumière.

Malgré leur prévoyance, elles dormiraient bien encore un peu après qu'on les a appelées le lendemain matin. Mais Rosamond saute à bas du lit et secoue Phyllis :

— Phyllis, nous allons être en retard pour le petit déjeuner !

Ce devait être un argument de poids car Phyllis se leva et se mit à s'habiller en silence. La hâte ne les empêchait pas d'enfiler leurs vêtements avec un soin et une dextérité extrêmes et quand ce fut fini chacune passa l'autre en revue avant de descendre. La pendule sonnait neuf heures lorsqu'elles entrèrent dans la salle à manger ; leur père qui s'y trouvait déjà les embrassa dûment, se fit servir du café, lut son journal et disparut. Le petit déjeuner fut silencieux. Lady Hibbert le prenait dans sa chambre, mais ensuite il fallut monter la voir et recevoir ses instructions pour la journée ; tandis que l'une écrivait sous sa dictée, l'autre faisait les menus du jour avec la cuisinière. A onze heures, elles eurent un moment de libre et se retrouvèrent dans l'étude où Doris, la benjamine qui avait seize ans, rédigeait un mémoire en français sur la Magna Carta[2]. Elle qui rêvait déjà d'une mention très bien se plaignit qu'on la dérangeait ; elle en fut pour ses frais. Rosamond déclara :

— Nous venons ici parce que c'est la seule pièce où aller.

Et Phyllis ajouta :

— Ne va pas t'imaginer que nous recherchons ta compagnie.

Mais ces observations furent faites sans aigreur, c'étaient les lieux communs du quotidien.

Par égard pour leur sœur, cependant, Phyllis prit un volume

d'Anatole France et Rosamond ouvrit les *Études grecques* de Walter Pater[3]. Elles avaient lu quelques lignes en silence lorsqu'une bonne frappa, hors d'haleine, pour annoncer que Madame appelait Mesdemoiselles au salon. Elles gémirent. Rosamond proposa d'y aller toute seule mais Phyllis refusa : elles seraient toutes deux victimes. Elles descendirent, boudeuses, en se demandant quel service il allait falloir rendre. Lady Hibbert les attendait avec impatience.

— Ah, vous voilà tout de même ! s'exclama-t-elle. Votre père me fait dire qu'il a prié à déjeuner Mr Middleton et Sir Thomas Carew. Comme il nous complique la vie ! Je ne vois pas ce qui l'a pris de les inviter, et il n'y a rien à manger — je vois que tu n'as pas refait les bouquets, Phyllis. Toi, Rosamond, je veux que tu poses une guimpe propre sur ma robe bordeaux. Mon Dieu, que les hommes manquent d'égards !

Les filles avaient l'habitude de ces insinuations contre leur père ; dans l'ensemble, elles prenaient son parti, sans jamais le dire, cependant.

Elles s'en furent donc chacune de son côté, Phyllis acheter des fleurs et un plat de plus pour le déjeuner, Rosamond tirer l'aiguille.

Elles s'étaient tout juste acquittées de leurs tâches qu'il leur fallut se changer pour déjeuner mais, à une heure trente, elles faisaient leur entrée, roses et souriantes, dans le grand salon pompeux. Mr Middleton était le secrétaire de Sir William Hibbert. C'était un jeune homme qui avait une belle situation, de l'avenir, selon la formule de Lady Hibbert ; il était à encourager. Sir Thomas était du même bureau ; il était massif et goutteux — pièce maîtresse sur l'échiquier mais dépourvue d'importance en soi.

Au déjeuner, tandis que leurs aînés énonçaient des platitudes d'une voix grave et sonore, la conversation fut enjouée entre Phyllis et Mr Middleton. Rosamond, fidèle à son habitude, ne disait pas grand-chose. Elle spéculait intensément sur la personnalité de ce secrétaire qui deviendrait peut-être son beau-frère ; chaque mot qu'il prononçait corroborait ses théories. Il était convenu que Mr Middleton était la chasse gardée de sa sœur et elle ne marchait pas sur ses brisées. Si l'on avait pu lire dans ses pensées pendant que Sir Thomas lui brossait un tableau des Indes vers 1860, on aurait découvert qu'elle s'absorbait dans des calculs passablement abstrus. Le petit Middleton, comme elle l'appelait, n'était pas un mauvais parti. Il n'était pas sot ; elle le savait bon fils, il serait bon époux ; avec cela, du bien, une belle carrière devant lui. En revanche, sa finesse psychologique lui disait qu'il était borné, dépourvu tout à fait d'imagination ou d'intellect au sens où elle l'entendait, et elle connaissait assez bien sa sœur pour savoir que, même si elle le respectait, elle n'aimerait jamais ce petit homme efficace et actif. Fallait-il l'épouser, telle était la question qu'elle se posait lorsque Lord Mayo[4] fut assassiné ; et, tandis que ses lèvres formaient des « Oh » et des « Ah » horrifiés, ses yeux télégraphiaient à l'autre bout de la table : « J'ai des doutes. » Eût-elle fait un signe d'assentiment, sa sœur se fût mise en devoir de pratiquer ces arts qui lui avaient déjà valu bien des demandes en mariage. Mais Rosamond n'en savait pas assez pour décider, et elle se borna à télégraphier : « Il est ferré, ne lâche pas. »

Les messieurs prirent congé peu après déjeuner et Lady Hibbert qui s'apprêtait à monter s'allonger appela Phyllis :

— Eh bien, ma chérie, lui dit-elle avec plus d'affection qu'elle ne lui en avait témoigné jusque-là, est-ce que ce déjeuner t'a plu ? Est-ce que Mr Middleton s'est rendu agréable ?

Elle tapotait la joue de sa fille tout en lui plongeant un regard aigu dans les yeux.

Phyllis fut prise d'une malice ; elle répondit étourdiment :

— Oh, il n'est pas mal du tout ce petit monsieur mais il ne m'émeut pas !

Lady Hibbert changea de visage aussitôt. Ce chat débonnaire qui jouait avec la souris — par pure philanthropie, aurait-on cru — redevint l'animal tel qu'en lui-même.

— Tout cela n'a qu'un temps, cingla-t-elle. Tâche de ne pas l'oublier et de ne pas toujours penser qu'à toi, ma chérie.

Si elle avait dit des grossièretés, elle n'aurait pas été plus désagréable à entendre. Elle sortit dignement et les jeunes filles échangèrent des mimiques expressives.

— Ça a été plus fort que moi, dit Phyllis en riant à se tordre. Ouf, un peu de répit ! Madame Mère ne nous appellera pas avant quatre heures.

Elle montèrent s'installer dans l'étude à présent vide. Phyllis alluma une cigarette et Rosamond se mit à sucer des pastilles de menthe, comme si cela stimulait la réflexion.

— Alors, ma chérie, qu'est-ce que nous décidons ? Nous sommes en juin, nos parents me donnent jusqu'en juillet et le petit Middleton est le seul parti en vue.

— Sauf... commença Rosamond.

— Oui, mais à quoi bon penser à lui ?

— Ma pauvre Phyllis ! Ma foi, ce n'est pas un mauvais parti.

— Sobriété irréprochable, foncièrement travailleur. Quel couple modèle nous formerions ! Tu devrais venir nous rejoindre dans le Derbyshire.

— Tu pourrais trouver mieux, poursuivit Rosamond avec des airs de juge qui délibère, mais, d'un autre côté, leur patience à des limites.

« Leur » renvoyait à Sir William et Lady Hibbert.

— Hier, Père m'a demandé si j'étais capable de faire autre chose que de me marier et je n'ai rien trouvé à répondre.

— Non, le mariage a été le but de notre éducation.

— Toi, tu aurais pu mieux faire. Moi, bien sûr, je suis une sotte, alors peu importe.

— Mais le mariage est la meilleure des choses si l'on vous laissait épouser qui l'on veut.

— Oh, je sais, c'est révoltant ; mais les faits sont là.

— Et les faits s'appellent Middleton, pour l'instant, repartit Rosamond. Il te plaît ?

— Du tout.

— Tu pourrais l'épouser ?

— Si Madame Mère l'exige.

— Ce serait peut-être une issue, au moins.

— Mais qu'est-ce que tu en dis à présent ? demanda Phyllis.

Elle se serait fiée à sa sœur pour accepter ou éconduire n'importe qui. Rosamond était douée d'une intelligence aiguë, qu'elle avait été contrainte d'exercer sur le seul terrain de l'étude psychologique, et, comme elle ne se laissait pas abuser par les préjugés personnels, sa science était le plus souvent une science exacte.

— Il est très bien ! Qualités morales : excellentes. Niveau intellectuel : correct. Il fera son chemin, c'est sûr. Pas imaginatif ni romanesque pour deux sous ; il te traiterait avec une parfaite équité.

— Bref, nous formerions un couple tout à fait digne... un peu comme nos parents, en somme.

— La question est de savoir si nous avons intérêt à supporter encore une année de servitude, jusqu'à ce que le prochain s'annonce. Et d'ailleurs quel prochain ? Simpson ? Rogers ? Leiscetter ?

A chaque nom sa sœur fit la grimace.

— Conclusion, apparemment : gagne du temps et sauve les apparences.

— Ah, amusons-nous tant qu'il est temps ! Sans toi, Rosamond, je me serais déjà mariée dix fois !

— Tu serais en instance de divorce, alors, ma chérie.

— Penses-tu, je suis bien trop convenable ! Je suis très faible, en fait, sans toi. Et maintenant si nous parlions de tes affaires ?

— Mes affaires peuvent attendre, répondit Rosamond d'un ton décidé.

Et, jusqu'à ce qu'il fût l'heure de se changer de nouveau, les deux jeunes filles entreprirent de passer leurs amis en revue, avec finesse et non sans charité. Mais il faut retenir deux éléments de leur conversation : d'abord qu'elles tenaient l'intellect en haute estime et en faisaient un point cardinal de leur enquête ; ensuite que, chaque fois qu'elles devinaient une vie de famille malheureuse ou une déception sentimentale, même les moins séduisants avaient droit à leur indulgence et à leur compassion.

A quatre heures, elles sortirent en voiture avec Lady Hibbert ;

cette comédie consistait à passer solennellement de maison en maison — qu'elles y aient dîné ou souhaitassent y dîner — pour déposer deux ou trois cartes dans la main d'un domestique. Une fois, elles entrèrent prendre une tasse de thé et passèrent très exactement quinze minutes à parler de la pluie et du beau temps. La sortie se termina par une lente traversée du Parc où elles prirent place dans la procession de gais équipages qui à cette heure du jour contournent au pas la statue d'Achille[5]. Lady Hibbert arborait un sourire permanent et inaltérable.

De retour à six heures, elles trouvèrent Sir William en train de prendre le thé avec un couple de cousins d'âge mûr. C'étaient des gens qu'on pouvait traiter sans cérémonie, aussi Lady Hibbert monta-t-elle s'allonger en laissant à ses filles le soin de prendre des nouvelles de John et de demander si Milly s'était bien remise de sa rougeole.

— N'oubliez pas que nous dînons en ville à huit heures, William, dit-elle en quittant la pièce.

Phyllis les accompagnait. C'était un juge distingué qui donnait le dîner et elle eut pour voisin de table un avocat éminent[6] : du moins n'aurait-elle pas à faire certains efforts, et sa mère la regardait d'un œil indifférent. Parler avec un homme d'âge mûr, intelligent, et parler de sujets impersonnels, quelle bouffée d'air frais ! Pas de théories, il lui énonçait des faits et elle avait plaisir à constater que le monde était plein de choses solides, indépendantes de sa petite vie.

Lorsqu'ils prirent congé, elle dit à sa mère qu'elle allait retrouver Rosamond chez les Tristram. Lady Hibbert pinça les lèvres, haussa les épaules et dit : « Très bien ! », comme s'il ne lui manquait qu'une raison assez valable pour s'opposer au projet. Mais Sir William attendait et le litige se borna à un froncement de sourcils.

Phyllis fit donc toute seule le long trajet qui la menait chez les Tristram : ils n'habitaient pas les beaux quartiers et c'était là un des nombreux aspects enviables de leur lot. Tandis que dans Belgravia et South Kensington les façades de stuc tirées au cordeau étaient tout à l'image du sien, songeait Phyllis : vie coulée dans un moule assorti à la laideur rangée de ceux qui la vivaient. Mais ici, à Bloomsbury[7], épiloguait-elle avec un petit geste de la main tandis que son cab traversait les grandes places tranquilles sous le vert pâle d'arbres ombreux, ici l'on pouvait grandir à sa guise. Il y avait de l'espace, de la liberté ; et, dans le grondement et la splendeur du Strand, elle lisait les réalités vivantes de ce monde dont son stuc et ses colonnes la protégeaient si bien.

Son cab s'arrêta devant des fenêtres éclairées qui, ouvertes en ce soir d'été, répandaient un peu de leur vie et de leur conversation sur le trottoir. Elle avait hâte que s'ouvre cette porte qui lui donnerait accès à ce qui se partageait là. Cependant, lorsqu'elle se trouva dans la pièce, elle se sentit embarrassée d'elle-même : elle savait par cœur que dans ces occasions elle avait l'air d'une dame peinte par Romney[8]. Dans cette pièce enfumée où l'hôte recevait en veste de chasse des gens qui s'asseyaient par terre, elle se vit entrer, port de tête altier, visage mutin, bouche en cœur prête à l'épigramme. Elle tranchait, toute en soie blanche et rubans cerise. Se sentant un peu déplacée, elle n'ouvrait pas la bouche et ne saisissait guère les perches qu'on lui tendait dans la conversation. Elle ne cessait de regarder avec un sentiment d'étrangeté totale la douzaine de personnes assises là. La conversation roulait sur les tableaux d'une exposition et on en discutait les mérites d'un point de vue passablement technique. Comment dire son mot ? Elle les avait vus mais elle savait que ses platitudes ne résisteraient pas aux questions et aux critiques qu'elles susciteraient, et l'on n'avait que faire ici de ces grâces féminines qui voilent si bien ce qu'il faut. Déjà, il n'était plus temps d'intervenir car la discussion était chaude et sérieuse, et aucun des adversaires ne voulait se laisser piéger par des arguments illogiques.

Elle demeura donc pure observatrice avec le sentiment d'avoir les ailes rognées, dans un inconfort plus aigu, car plus véritable, qu'au bal ou au théâtre. Elle se répétait comme un petit axiome amer qu'elle était entre deux chaises, tout en essayant de réfléchir calmement à ce qui se disait. Rosamond, assise à l'autre bout de la pièce, lui donnait à entendre qu'elle en était au même point.

Enfin, l'affrontement restreint se fondit dans la conversation, mais personne ne s'excusa de l'avoir monopolisée. Quant à la conversation générale, les demoiselles Hibbert découvrirent que, si elle portait sur des sujets plus banals, on tendait à y dédaigner le lieu commun et on ne se privait pas de le dire. Mais enfin on s'y amusait et Rosamond se tira d'affaire assez bien lorsqu'une certaine personne en fit les frais; elle n'en eut pas moins la surprise de constater que ses découvertes les plus profondes, loin de représenter des conclusions, servaient de point de départ à des investigations plus poussées.

En outre, les demoiselles Hibbert s'aperçurent avec une stupeur mêlée de désarroi à quel point leur éducation leur collait à la peau : les Tristram ayant fait sur le christianisme une boutade applaudie comme si on plaisantait avec la religion, Phyllis n'avait pas pu s'empêcher de manifester sa réprobation; elle s'en serait giflée.

Mais la surprise fut plus grande encore lorsque les demoiselles Hibbert entendirent comment on traitait les affaires qui étaient leur province; elles supposaient bien que, même dans cette étrange atmosphère, les réalités de la vie avaient leur importance. Or Miss Tristram, jeune fille d'une grande beauté et artiste au talent prometteur, parlait du mariage avec un monsieur qui, pour autant qu'on pût en juger, aurait bien pu être partie prenante. Mais la liberté, la franchise avec lesquelles chacun exposait ses vues et ses théories sur l'amour et le mariage semblaient placer la question sous un jour nouveau et assez saisissant. Les jeunes filles n'avaient jamais rien vu ni entendu d'aussi fascinant; elles qui se flattaient de ne rien ignorer du sujet rencontraient là une approche nouvelle et surtout incontestablement authentique.

«On ne m'a encore jamais demandée en mariage, je ne sais quel effet cela fait», disait la voix franche et perplexe de la cadette des sœurs Tristram; Phyllis et Rosamond eurent le sentiment qu'elles devraient faire profiter la compagnie de leur expérience en la matière. Mais elles étaient incapables d'adopter le point de vue qu'on avait ici et leur expérience était après tout d'une tout autre nature. Pour elles, l'amour naissait de gestes calculés ; on le cultivait avec un soin jaloux dans des salles de bal, des serres parfumées : une œillade, un éclair d'éventail, des inflexions de voix qui trahissent l'émoi. Ici, l'amour était robuste, ingénu, exposé au grand jour, nu et massif ; on l'auscultait, le palpait à son gré. Eussent-elles été libres d'aimer qui elles voulaient, Phyllis et Rosamond doutaient fort de pouvoir aimer de cette façon. Avec l'impulsivité de la jeunesse, elles se condamnèrent sans appel et établirent qu'il était tout à fait vain de tenter de s'affranchir : leur longue captivité les avait corrompues tant au-dedans qu'au-dehors.

Ainsi demeuraient-elles coites sans en avoir conscience, comme des exclues de la fête, exposées au froid, invisibles pour les autres convives. Or, en réalité, la présence de ces deux jeunes femmes muettes aux yeux faméliques pesait au reste de l'assemblée ; pourquoi, on n'aurait su le dire ; peut-être s'ennuyaient-elles. En tout cas, les demoiselles Tristram se sentirent responsables et sur quelques mots chuchotés la cadette, Sylvia, prit Phyllis en aparté. Phyllis se jeta sur l'occasion comme un chien sur un os et même, comme elle voyait passer le temps sans pouvoir saisir la substance de cette étrange soirée, son visage prit une expression hâve et avide. Si elle ne pouvait avoir sa part de leurs échanges, du moins lui serait-il permis d'expliquer ce qui le lui interdisait. Elle brûlait de se prouver qu'il y avait à son impuissance de bonnes raisons ; et, si elle sentait que Sylvia était une femme solide malgré ses généralisations impersonnelles, elle avait bon espoir de trouver avec elle un terrain d'entente. Lorsqu'elle se pencha vers la jeune fille pour lui répondre, elle eut l'étrange sentiment de fouiller fébrilement sous un monceau de frivolités et d'artifices pour saisir l'atome d'être à l'état pur qui devait bien s'y cacher.

— Oh, mademoiselle, vous êtes tous si brillants, vraiment cela me fait peur !

— Vous vous moquez de nous.

— Et pourquoi me moquerais-je? Vous ne voyez donc pas comme je me sens sotte?

Mais si, Sylvia commençait à entrevoir; cela l'intéressa.

— Vous menez une vie tellement extraordinaire, tellement étrange pour nous.

Sylvia écrivait et se délectait à voir son image reflétée dans des miroirs étranges et à tendre sa propre glace à la vie des autres. Elle se mit donc à l'ouvrage avec enthousiasme. C'était la première fois qu'elle considérait les Hibbert comme des êtres humains; elle les avait toujours appelées «les jeunes personnes» et n'en était que plus prête à rectifier son erreur — par vanité autant que par réelle curiosité.

— Qu'est-ce que vous faites? demanda-t-elle à brûle-pourpoint pour entrer dans le vif du sujet.

— Ce que je fais? Oh, le menu du dîner, des bouquets.

— Oui, mais quel est votre métier?

— Mais c'est cela, mon métier; croyez bien que je le déplore! La plupart des jeunes filles vivent en esclavage, mademoiselle, il ne faut pas l'oublier, ni m'insulter parce que le sort vous a faite libre.

— Oh, expliquez-moi ce que vous voulez dire au juste, s'il vous plaît! s'exclama Sylvia. Les gens m'intéressent. Après tout, l'âme humaine, voilà l'essentiel, n'est-ce pas?

— Oui, dit Phyllis peu soucieuse d'aborder la théorie, mais notre vie est si simple, si banale! Des jeunes filles comme nous, vous en connaissez certainement des dizaines!

— Je connais vos robes du soir; je vois passer devant moi vos jolis cortèges, mais c'est la première fois que j'entends le son de votre voix. Vous êtes toutes sur le même modèle?» Elle vit bien que Phyllis trouvait ce ton grinçant; elle en changea : «Nous sommes sœurs sans doute, alors pourquoi sommes-nous si différentes, en apparence?

— Oh non, nous ne sommes pas sœurs, dit Phyllis avec amertume, sinon je vous plaindrais. Voyez-vous, tout ce qu'on attend de nous c'est que nous soyons capables de sortir le soir, de dire des jolies choses, et, mon Dieu, de nous marier, je suppose.

Certes, nous aurions pu aller à l'université si nous avions voulu ; mais nous n'avons pas voulu, alors nous sommes seulement des jeunes filles accomplies.

— Nous ne sommes pas allées à l'université, nous, dit Sylvia.

— Et vous n'êtes pas des jeunes filles accomplies ? Ah oui, mais vous et votre sœur vous êtes authentiques. Rosamond et moi sommes des contrefaçons — moi du moins. Mais vous comprenez tout à présent, vous comprenez que vous menez une vie idéale ?

— Je ne vois pas pourquoi vous ne feriez pas ce qu'il vous plaît comme nous, dit Sylvia en désignant l'assemblée du regard.

— Croyez-vous que nous puissions recevoir comme vous ? Voyons, nous ne pouvons même pas inviter une amie, sauf lorsque nos parents ne sont pas en ville.

— Mais pourquoi ?

— Parce que nous n'avons pas de pièce à nous, d'abord ; et puis on ne nous le permettrait jamais. Nous demeurons des filles tant que nous ne sommes pas des épouses.

Sylvia fit grise mine. Phyllis comprit que la franchise avec laquelle elle venait de parler de l'amour n'était pas celle qui avait cours ici.

— Vous voulez vous marier ? demanda la jeune fille.

— Et vous le demandez, ingénue que vous êtes ! Ah, c'est vous qui avez raison ! On devrait se marier par amour et pour tout ce qui va avec. Mais, poursuivit Phyllis, sincère jusqu'au bout, nous ne pouvons pas envisager la question sous cet angle, nous. Nous voulons tant de choses à la fois qu'il nous est impossible de considérer le mariage en soi comme il est ou devrait être. Il est toujours lié à tant d'éléments extérieurs : la liberté, des amis, une maison à soi, enfin tout ce que vous avez déjà. Cela doit vous paraître abominablement vénal.

— Abominable, assez, oui. Vénal, je ne crois pas. A votre place, j'écrirais.

— Voilà que vous recommencez, mademoiselle Sylvia ! Vous ne comprenez donc pas que nous ne sommes pas douées pour cela ? Le serions-nous, d'ailleurs, que cela ne nous servirait à rien. Heureusement pour nous, le bon Dieu nous a créées à la mesure de notre situation. Si, Rosamond aurait pu faire quelque chose, mais elle a passé l'âge.

— Grand Dieu, s'exclama Sylvia, quel abîme ! Moi, je mettrais le feu à la maison, je prendrais un fusil, je sauterais par la fenêtre. Je tenterais quelque chose.

— Quoi donc ? demanda Phyllis, sardonique. A notre place, peut-être, mais je doute que vous puissiez y être. Oh non, continua-t-elle sur un ton plus léger, plus désabusé, c'est notre vie ; il nous faut en tirer le meilleur parti. Je veux seulement que vous compreniez pourquoi nous venons ici, nous asseoir sans rien dire. Voyez-vous, voilà la vie que nous aimerions mener. Et je doute fort maintenant que nous le puissions. Vous », elle désignait l'assemblée, « vous pensez que nous sommes des coquettes de haut vol. C'est vrai, ou presque. Mais nous aurions pu être autre chose. N'est-ce pas pathétique ? » Elle rit de son petit rire sans joie. « Mais promettez-moi une chose, mademoiselle : que vous viendrez nous voir et que vous nous permettrez de revenir ici quelquefois. A présent, Rosamond, sauvons-nous.

Elles prirent congé et, dans le cab, Phyllis s'étonna un peu de sa sortie ; mais elle sentit qu'elle y avait pris plaisir. Elles étaient en effervescence, pressées d'analyser leur malaise et d'en découvrir la signification. La veille à cette heure, elles étaient rentrées d'humeur plus maussade, mais avec une meilleure opinion d'elles-mêmes ; ce qu'elles avaient fait les avait ennuyées mais elles savaient s'en être acquittées convenablement et elles avaient eu la satisfaction de sentir qu'elles ne donnaient pas leur mesure. Ce soir, elles ne s'étaient pas ennuyées mais elles n'avaient pas été à la hauteur. La conférence du coucher fut un peu abattue ; en sondant son for intérieur, Phyllis avait permis à des courants d'air glacé d'atteindre ce lieu si bien gardé. Et que voulait-elle au juste ? se demandait-elle. A quoi était-elle bonne ? A critiquer les deux mondes et sentir qu'elle ne trouvait son compte dans aucun ? Elle était trop sincèrement déprimée pour soumettre la question à sa sœur, et son accès d'honnêteté lui laissait la conviction que parler ne servait à rien.

Si elle pouvait faire quelque chose, il faudrait qu'elle le fît toute seule. Cette nuit-là, avant de s'endormir, elle se rappela avec un certain soulagement que Lady Hibbert avait tout un programme pour le lendemain : du moins n'aurait-elle pas à réfléchir ; et puis c'est amusant, les parties de bateau.

Miss V. et son mystère

Dire qu'il n'est pire solitude que celle de l'isolé dans la foule, c'est un lieu commun; les romanciers le répètent; le pathétique de la chose est indéniable. Pour moi, depuis ce qui est arrivé à Miss V., j'en suis arrivée[1] à y croire. Une histoire comme la sienne et celle de sa sœur — d'ailleurs, ce n'est pas par hasard qu'on se contente instinctivement de leur patronyme pour les désigner : des sœurs comme celles-ci, on pourrait en nommer une douzaine d'un trait —, une histoire comme celle-ci, donc, ne peut guère se passer qu'à Londres. A la campagne, il y aurait eu le boucher, le facteur, la femme du pasteur; tandis que, dans une ville hautement civilisée, les civilités se réduisent au strict minimum. Le boucher se déleste de sa viande devant la porte de service, le facteur fourre son courrier dans la boîte et on a vu la femme du pasteur dépêcher la lettre du clergé par la même brèche opportune. C'est qu'on n'a pas de temps à perdre, répètent-ils tous. Alors, que la viande reste intacte et la lettre cachetée, que le clergé prêche dans le désert, personne ne s'en avise jusqu'au jour où ces fonctionnaires concluent tacitement qu'il n'est plus nécessaire de s'arrêter au 16 ou au 23. Ils le sautent dans leur tournée si bien que la pauvre Miss J. ou la pauvre Miss V. glissent entre les mailles du filet des vivants et que le monde passe sans s'arrêter devant leur porte à tout jamais.

Pareille infortune est si vite arrivée qu'on se dit qu'il faut absolument affirmer son existence pour la préserver. Car comment revenir à la vie si le boucher, le facteur et l'agent de police décidaient de vous ignorer ? Cruel destin ! Je m'en vais de ce pas renverser une chaise ; voilà, le locataire du dessous sait au moins que je suis vivante.

Mais revenons à Miss V. et son mystère et entendez bien que l'initiale dissimule également Miss Janet V. : une lettre pour deux leur suffit largement.

Voici quelque quinze ans qu'elles évoluent, discrètes, dans Londres. On les croisait dans certains salons, dans des galeries de tableaux ; on lui disait : « Ah, Miss V., comment allez-vous ? » comme si on l'avait vue la veille ; elle répondait : « Belle journée, n'est-ce pas ? » ou bien : « Quel temps affreux pour la saison ! » On passait son chemin et elle semblait se fondre dans un fauteuil ou une commode. En tout cas, on l'oubliait jusqu'à ce qu'elle se détachât de nouveau du mobilier, un an plus tard peut-être, pour échanger les mêmes propos.

Les liens du sang — à supposer que ce fût le liquide qui coulait dans les veines de Miss V. — faisaient que je tombais sur elle (ou la traversais, ou dissipais son image, je ne sais quelle est la formule adéquate) peut-être plus souvent que les autres, si bien que cette petite comédie confinait à l'habitude. Il n'y avait pas de réception, de galerie, de concert parfaits sans son ombre grise et familière. Et, lorsqu'il y a quelque temps elle cessa de hanter mon chemin, j'eus la vague impression qu'il manquait quelque chose. J'exagérerais en disant que ce qui manquait c'était elle, mais je crois être sincère en adoptant l'impersonnel.

Ainsi, dans une salle pleine de monde, je me pris à jeter des regards circulaires sans pouvoir mettre un nom sur mon insatisfaction ; non, on était au complet, semblait-il — mais quoi, il manquait quelque chose, un meuble, une tenture ? Aurait-on retiré une estampe ?

Puis, un matin de bonne heure, aux aurores pour tout dire, je m'éveillai en criant : « Mary V., Mary V. ! » C'était la première fois, j'en suis sûre, que quelqu'un criait son nom avec une telle conviction ; en général, il revenait telle une épithète incolore dont l'unique fonction est d'équilibrer une phrase. Mais, contrairement à ce que j'attendais presque, ma voix ne fit pas apparaître Miss V. en personne ou en effigie et la chambre demeura vague. Tout le jour, mon cri résonna dans ma tête ; j'en arrivai à me persuader que j'allais la rencontrer à un coin de rue comme à l'accoutumée, que je la verrais s'estomper dans le décor et m'en tiendrais satisfaite. Pourtant, elle ne vint point et je crois que j'en fus déconfite. Quoi qu'il en soit, ne dormant pas cette nuit-là, je conçus un projet baroque — pur caprice d'abord, que je pris au sérieux jusqu'à l'effervescence —, j'irais rendre visite en personne à Miss V.

Pister cette ombre, voir où elle vivait, si elle vivait, lui parler comme à une vraie personne — que ce serait donc fou, et singulier, et amusant !

A-t-on idée de prendre l'omnibus pour rendre visite à une campanule de Kew Gardens quand le soleil décline ? De saisir le duvet d'un pissenlit du Surrey à minuit ? L'expédition que je me proposais d'entreprendre était plus farfelue encore. J'enfilai mes vêtements en riant à perdre haleine : des bottines et un chapeau pour Mary V., quelle débauche de préparatifs ! C'était d'un saugrenu !

Je finis par arriver chez elle. Sa carte[2] donnait à entendre de façon ambiguë, comme nous tous, qu'elle était là sans y être. Une fois à sa porte, au dernier étage de l'immeuble, je frappai, je sonnai, j'attendis, je guettai. Personne. Je commençais à me demander si les ombres meurent et comment on les enterre lorsqu'une bonne ouvrit tout doucement la porte. Mary V., qui était malade depuis deux mois, était morte la veille, à l'instant précis où je criais son nom. De sorte que je ne croiserai plus jamais son ombre[3].

Le journal de Maîtresse Joan Martyn

Il n'est pas impossible que mes lecteurs ignorent qui je suis. Par conséquent, bien qu'une telle pratique soit rare et peu naturelle — on connaît la modestie des auteurs —, je n'hésite pas à expliquer que je me nomme Miss Rosamond Merridew, que j'ai quarante-cinq ans (je serai franche jusqu'au bout!) et que mes recherches sur le système de fermage dans l'Angleterre médiévale m'ont valu une notoriété considérable dans la profession qui est la mienne. On a entendu parler de moi à Berlin, on ne se ferait pas prier pour donner une soirée en mon honneur à Francfort et je ne suis pas tout à fait inconnue dans le saint des saints à Oxford et Cambridge. La nature humaine étant ce qu'elle est, peut-être me ferai-je mieux comprendre en révélant que j'ai troqué un mari, une famille et une maison où vieillir contre certains fragments de parchemin jauni que bien peu de gens prendraient la peine de lire, même parmi ceux qui en sont capables. Mais, telle une mère qui, si j'en crois ce que je lis non sans curiosité dans la littérature féminine, chérit par-dessus tous les autres le plus laid et le plus stupide de ses rejetons, j'ai conçu une manière de passion maternelle pour ces petits gnomes décolorés et racornis. Je les vois comme des infirmes au visage tourmenté, mais avec la flamme du génie dans leur prunelle. A quoi bon en dire plus? Autant croire que la mère à qui je me compare a des chances de faire comprendre que son infirme est un garçon superbe, qu'en fait, de tous ses enfants, c'est lui le plus beau. Quoi qu'il en soit, mes enquêtes m'ont transformée en colporteuse, à ceci près que moi j'ai coutume d'acheter et non de vendre. Je me présente à la porte des vieilles fermes, des manoirs délabrés, des presbytères, des sacristies avec la même requête : Auriez-vous de vieux papiers à me montrer ? Comme vous l'imaginez, le temps béni de ce genre de chasse est révolu ; l'âge est devenu la plus marchande des valeurs et, qui plus est, l'État et ses Commissions ont pratiquement mis fin à l'entreprise individuelle. Je m'entends souvent répondre qu'un quelconque fonctionnaire a promis de passer en revue les documents en question et la faveur de « l'État » que cette promesse implique prive ma modeste voix de toute force de persuasion.

Mais enfin j'aurais mauvaise grâce à me plaindre si je songe aux quelques très beaux trophées qui ont été d'une utilité réelle à l'historien, et à d'autres, que leur lumière aiguë et capricieuse me rend plus chers encore. L'éclairage qui se porte soudain sur les jambes de dame Elizabeth Partridge rayonne sur la condition de toute l'Angleterre, sur le roi et son trône : elle n'avait pas de bas ! et il n'est pas de manque qui puisse vous faire percevoir aussi bien la réalité des jambes et, partant, du corps, puis, de proche en proche, de l'esprit même, au Moyen Age ; on se trouve là au centre de toutes les époques, de l'Antiquité aux Temps modernes. Ce qui m'amène à faire l'aveu plus détaillé de mes vertus. Mes recherches sur le système de fermage aux treizième, quatorzième et quinzième siècles sont doublement précieuses, m'assure-t-on, à cause de cette remarquable faculté que j'ai de les présenter en relation avec la vie quotidienne. Je ne perds pas de vue que les chicanes du fermage n'ont pas toujours constitué l'essentiel de la vie des hommes, des femmes et des enfants ; je n'ai pas craint de donner à entendre que les subtilités dont nous nous délectons révèlent plus de négligence que de circonspection extrême chez nos ancêtres. Car quel homme aurait passé sa vie à compliquer ses lois, ai-je eu l'audace d'observer, pour le seul bénéfice d'une demi-douzaine d'amateurs de grimoires qui verraient le jour cinq siècles après qu'il serait dans la tombe ?

Ce n'est pas ici le lieu de poursuivre un débat dans lequel j'ai déjà porté et reçu des coups bien ajustés ; si je mentionne la question, c'est seulement pour expliquer pourquoi j'ai conçu mes enquêtes à l'intérieur d'une certaine image de la vie familiale introduite dans mon texte, comme la fleur de ces racines enchevêtrées ou la flamme de tous ces frottements de silex.

À la lecture de mon ouvrage intitulé *Les Parchemins du manoir*, certaines digressions enchanteront les uns pour exaspérer les autres, selon leur tempérament.

Je n'ai pas hésité à consacrer plusieurs pages grand format à la description photographique de la vie quotidienne ; ici, je heurte à la porte du serf et le trouve en train de rôtir des lapins qu'il a braconnés ; là, je vous fais voir le Seigneur du Château qui s'apprête à partir en voyage, qui appelle ses chiens pour courir les champs, qui, assis sur une chaise à haut dossier, aligne péniblement des chiffres sur une feuille de parchemin glacé. Dans une autre pièce, je vous fais voir dame Elinor tirant l'aiguille ; auprès d'elle, sur un tabouret plus bas, sa fille coud aussi mais avec moins de zèle. « Enfant, vostre mari sera chez nous avant que vostre trousseau soit prêt », réprimande la mère.

Ah, pour savoir tout cela, il vous faut étudier mon livre ! Les critiques me réservent deux types de verges. D'abord, disent-ils, des digressions de cet ordre sont belles et bonnes dans une *Histoire de la vie quotidienne*, mais elles n'ont rien à voir avec le système de fermage médiéval ; ensuite, déplorent-ils, je n'ai rien pour étayer mes dires. Il est bien connu que la période que j'ai choisie est, plus que toute autre, dépourvue d'archives privées ; sauf à s'inspirer exclusivement des *Paston Letters*[1], il faut se contenter d'imaginer à l'instar du conteur. Ce qui, me dit-on, est un bel art en soi mais n'a pas droit de cité dans le domaine plus exclusif de l'histoire. Mais voici que je reviens à ce fameux débat que j'ai jadis mené avec tant de zèle dans la revue *Histoire*. Il nous faut avancer, sinon un lecteur mal disposé va envoyer promener ce livre en disant bien haut qu'il sait déjà tout ce dont il retourne : allons bon, encore une querelle de médiévistes ! Aussi, j'en reste là, je tire un trait sur la question du vrai et du faux, de la réalité et de la fiction.

Un matin de juin, il y a deux ans, je passais par la route de Thetford entre Norwich et East Harling. Partie pour trouver des documents que je croyais enfouis dans les ruines de l'abbaye de Caister, je rentrais bredouille. Il faudrait prélever une dîme sur ce que nous envoyons tous les ans pour faire des fouilles dans les cités grecques et la consacrer à fouiller nos propres ruines, l'historien nous conterait bien autre chose !

Ainsi méditais-je non sans garder l'œil ouvert et le bon — l'archéologue — sur le paysage que nous traversions. Et ce fut donc pour obéir à un télégramme que cet œil me dépêchait qu'à un endroit précis je bondis vers le siège du conducteur et lui indiquai de prendre à gauche immédiatement. Nous avons longé une allée régulière, bordée d'ormes fort anciens ; mais l'appât qui m'attirait était une petite image carrée qui s'encadrait délicatement tout au bout entre des rameaux verts et où apparaissaient les lignes nettes d'un antique porche de pierre blanche sculptée.

En approchant, il m'apparut que le porche s'inscrivait au milieu de longs murs de plâtre ocre, que surmontait un toit de tuiles rouges, et bientôt j'eus sous les yeux toute la dignité de la petite maison construite en E dont la barre du milieu se serait effacée.

C'était donc là un de ces humbles petits manoirs qui traversent les siècles quasi intacts et quasi inconnus, trop insignifiants pour être démolis ou reconstruits, leurs propriétaires trop pauvres pour être ambitieux. Et les descendants de celui qui les a construits continuent d'y vivre, curieusement inconscients de ce que la demeure peut avoir de remarquable, si bien qu'ils font corps avec elle au même titre que la grande chêminée noircie par des générations de fumées de cuisine. Certes, on préférerait une maison plus grande et je ne doute pas qu'on vendrait celle-ci sans hésiter si une offre avantageuse se présentait. Mais il faut voir là le naturel et l'absence de présomption qui sont en somme les garants de l'authenticité : on peut se permettre de ne pas faire de sentiment avec une maison que l'on habite depuis cinq cents ans. Voilà le genre d'endroit, me dis-je la main sur le timbre, où les propriétaires ont des chances de posséder des manuscrits exquis et de les vendre au premier chiffonnier venu sans plus de façons qu'ils vendraient le bois de leur parc ou les restes dont ils nourrissent leurs cochons. Je vois les choses de mon point de vue d'excentrique pathologique après tout, et ces gens-là sont de vraies saines natures. Ils savent écrire eux-mêmes, me diront-ils, à quoi bon garder les vieilles lettres ? Les miennes, je les brûle toujours, quand je ne m'en sers pas pour couvrir les confitures.

Une bonne arriva enfin et me dévisagea d'un air méditatif comme si mon visage et ce que je venais faire étaient censés lui dire quelque chose.

— Comment s'appellent les propriétaires de cette maison ? demandai-je.

— Martyn, me répondit-elle ébahie comme si je lui avais demandé le nom du roi régnant.

— Est-ce qu'il y a une Mrs Martyn ? Est-ce qu'elle est là ? Pourrais-je la voir ?

La jeune fille me fit signe de la suivre et me conduisit en silence à une personne vraisemblablement en mesure de répondre à mes questions.

Je traversai donc une grande salle lambrissée de chêne pour pénétrer dans une pièce plus petite où une femme dans mes âges, le teint frais, s'affairait à sa machine à coudre sur une paire de culottes. Je l'aurais prise pour une gouvernante mais c'était, chuchota la bonne, Mrs Martyn.

Elle se leva avec un geste qui indiquait que, tout en n'étant pas précisément femme à recevoir le matin, elle n'en était pas moins l'autorité du lieu, la maîtresse de céans, et donc en droit de savoir ce qui m'amenait.

Le jeu de l'amateur de grimoires a ses règles dont la première, la plus élémentaire, est de ne pas déclarer ses intentions au premier abord.

— Je passais — je dois vous dire que je suis très amateur de pittoresque —, alors je me suis permis d'entrer en espérant que vous me laisseriez peut-être jeter un coup d'œil à la maison. J'ai l'impression que c'est un spécimen particulièrement beau.

— Vous voudriez la louer, si je puis me permettre... ? deman-

da Mrs Martyn qui s'exprimait avec une agréable pointe d'accent.
— Vous louez donc des chambres?
— Ah non, repartit-elle claire et nette, des chambres nous n'en louons jamais. Je m'étais dit que vous vouliez peut-être louer la maison.
— Elle est un peu grande pour moi; mais enfin j'ai des amis.
— C'est égal», interrompit Mrs Martyn gaiement, renonçant à toute idée de profit pour ne penser qu'à faire une bonne action, «j'aurais plaisir à vous faire visiter, bien sûr; personnellement, je ne m'y connais guère en vieilles choses et je ne sache pas que la maison ait quoi que ce soit de spécial, mais enfin elle a son agrément, pour qui vient de Londres...

Elle regardait avec curiosité ma mise et ma silhouette qui, je l'avoue, paraissait courbée plus qu'à l'accoutumée sous son frais regard quelque peu compatissant. Je lui dis ce qu'elle voulait savoir. Même, tandis que nous musions par les longs couloirs agrémentés de colombages sur le crépi, qu'elle me faisait voir de petites pièces impeccables aux meubles rares mais en bon état, avec des fenêtres carrées donnant sur le jardin, nous eûmes le temps d'échanger un nombre considérable de questions et de réponses. Son mari était fermier et l'exploitation assez vaste, mais le prix de la terre avait terriblement baissé et, le manoir ne se louant pas, ils étaient contraints d'y habiter, malgré ses dimensions excessives et malgré les rats qui leur faisaient la vie dure. Le manoir appartenait à la famille de son mari depuis bien des années, déclara-t-elle avec un soupçon de fierté; elle ne savait pas au juste combien, mais l'on racontait que les Martyn avaient jadis été une grande famille — elle me fit remarquer que leur nom s'écrivait avec un *y*. Cependant, elle parlait avec l'orgueil châtié et lucide de qui sait par expérience — amère expérience — que la naissance ne vous protège guère de certains inconvénients matériels comme la pauvreté de la terre ou les trous dans la toiture et la rapacité des rats.

Or, quoique la maison fût en bon état et d'une propreté méticuleuse, les pièces avaient quelque chose de nu; on n'y voyait guère que d'immenses tables de chêne, et la décoration se bornait à quelques bols de grès aux couleurs vives et à des assiettes de porcelaine, ce qui n'échappa pas à mon œil inquisiteur : on avait dû vendre bon nombre de ces objets qui donnent à une pièce l'air d'être meublée. Mais la dignité de mon hôtesse m'interdisait toute allusion au fait que la maison n'aurait pas toujours été telle que je la voyais. Et pourtant je ne pouvais m'empêcher de trouver comme une mélancolie dans sa manière de me faire visiter ces pièces quasi vides; elle comparait sans doute le dépouillement d'aujourd'hui à l'opulence d'hier, avec sur le bout de la langue les mots : « Nous avons connu des jours meilleurs. » Elle semblait s'excuser, aussi, en me faisant traverser une enfilade de chambres, ainsi qu'une ou deux pièces qui auraient pu faire office de salon si l'on avait eu le loisir de faire salon. On eût dit qu'elle voulait me montrer qu'elle était consciente de la discordance entre cette maison et sa vigoureuse personne. En tout état de cause, je n'avais pas envie de poser la question qui m'intéressait le plus : avaient-ils des livres?, et je commençais à me dire que j'avais distrait la bonne dame de sa machine à coudre assez longtemps lorsque tout à coup, entendant siffler en bas, elle regarda par la fenêtre et cria vaguement qu'il était l'heure de passer à table. Puis elle se tourna vers moi avec une certaine timidité, mais avec une expression avenante, et me pria de me « mettre à table » avec eux.

— John, mon mari, en connaît autrement plus long que moi sur ses vieilles choses et je sais qu'il est bien content de trouver quelqu'un avec qui en parler. Il a ça dans le sang, je lui dis.

Elle rit et je ne vis pas pourquoi, au fond, je n'accepterais pas cette invitation. Or John était moins facile à étiqueter que sa femme. C'était un homme d'âge moyen, de taille moyenne, brun de cheveux, mat de peau, avec une pâleur qui semblait peu naturelle chez un fermier, et une moustache tombante qu'il lissait de sa belle main en parlant. Il avait l'œil noisette et brillant mais je croyais y déceler l'ombre d'un soupçon lorsqu'il se posait sur moi. Il se mit à parler, cependant, avec un accent du Norfolk plus prononcé que celui de sa femme : sa voix et son costume attestaient qu'il était bel et bien, en dépit de son physique, un solide fermier du Norfolk.

Il se contenta de hocher la tête lorsque je lui dis que sa femme avait eu la bonté de me faire visiter la maison. Et puis, en la regardant avec une lueur dans la prunelle, il observa :

— Si ça ne tenait qu'à elle, on l'abandonnerait aux rats, ma maison. Et elle est trop grande, et il y a trop de fantômes... pas, Betty ?

Elle se contenta de sourire comme si elle avait renoncé depuis longtemps à faire valoir ses arguments.

Je crus lui faire plaisir en m'étendant sur l'âge vénérable et les beautés de sa demeure mais mes éloges ne semblaient guère l'intéresser, qu'il ponctuait de «Ouais» et de «Non» indifférents tout en mastiquant de généreuses portions de bœuf froid.

Le tableau accroché au-dessus de lui, qui pouvait dater de Charles Ier, lui ressemblait autant que s'il avait troqué son col et sa veste de tweed contre une fraise et un pourpoint de soie. La remarque s'imposait, je la fis.

— Ah ouais, dit-il sans faire montre de trop d'intérêt, c'est mon grand-père. Ou le grand-père de mon grand-père. Pas les grands-pères qui manquent ici.

— C'est le Martyn qui s'est battu à La Boyne[2] ? s'enquit négligemment Betty en insistant pour me faire reprendre du bœuf.

— A La Boyne ! s'exclama son mari avec un reproche où perçait de l'irritation. Allons, ma bonne, tu parles de l'oncle Jasper. Cet homme-ci était dans la tombe bien avant La Boyne. Lui c'est Willoughby, poursuivit-il à mon adresse comme s'il voulait que je comprenne la question à fond parce qu'on ne pouvait se permettre de bévue sur un fait aussi simple, fût-il assez dénué d'intérêt en soi.

— Willoughby Martyn ; né en 1625, mort en 1685 ; il s'est battu à Marston Moor[3] comme capitaine dans les troupes de Norfolk. On a toujours été royaliste dans la famille. Il a été exilé pendant la Révolution ; il est allé à Amsterdam ; il y a acheté un cheval bai au duc de Newcastle et nous en avons encore de cette race. Il est rentré à la Restauration, il a épousé Sally Hampton, du manoir — mais la branche s'est éteinte à la génération de mes parents — et ils ont eu six enfants, quatre fils et deux filles. C'est lui qui a acheté le pré d'en bas, tu sais bien, Betty, dit-il avec un geste du pouce, comme pour aiguillonner la mémoire incroyablement poussive de sa femme.

— Je vois très bien à présent, répondit-elle, placide.

— Il a fini ses jours ici. Il est mort de la petite vérole, enfin, de ce qu'on appelait la petite vérole de ce temps-là. Il l'a passée à sa fille Joan ; ils sont enterrés dans la même tombe à l'église, là-bas.

Il en désigna la direction du pouce et poursuivit son repas. Tous ses commentaires étaient d'une brièveté et même d'une sécheresse délibérées, comme s'il s'acquittait d'une tâche qu'une longue répétition lui aurait rendue fastidieuse mais dont il n'aurait pu se dispenser, pour une raison ou pour une autre.

Tout en ayant conscience que mes questions ne distrayaient pas mon hôte, je ne pouvais dissimuler mon intérêt pour son histoire.

— C'est curieux, cette affection que vous avez l'air de porter à mes aïeux, commenta-t-il enfin avec un froncement de sourcils feignant l'irritation.

— Il faut que tu montres les tableaux à madame après déjeuner, John, glissa sa femme, et toutes les vieilles choses.

— Ça m'intéresserait vivement, dis-je, mais je ne voudrais pas vous retenir.

— Ah, il en connaît long, John. C'est incroyable, tout ce qu'il sait sur ces tableaux.

— Connaître ses ancêtres, c'est à la portée du premier imbécile venu, Betty, grogna-t-il. Mais enfin, si vous le souhaitez, je serai heureux de vous montrer ce que nous avons.

La courtoisie de cette formule et l'air avec lequel il s'effaça pour me laisser passer me rappelèrent que son nom s'écrivait avec un *y*.

Il me fit faire le tour de la grande salle ; il désignait de sa cravache une toile sombre après l'autre, martelant sans hésiter une description sommaire pour chacune ; apparemment, elles étaient accrochées par ordre chronologique et, malgré l'encrassement et l'assombrissement, il était patent que les derniers portraits étaient d'une facture inférieure et qu'ils représentaient des têtes moins distinguées. Les uniformes se faisaient rares et, au dix-huitième siècle, les Martyn apparaissaient en habit de coupe simple, couleur tabac, et leur descendant les décrivait laconiquement comme des fermiers ou comme « celui qui a vendu la ferme des Marais ». Leurs femmes et leurs filles finirent par disparaître de la galerie comme si, au fil du temps, il avait semblé plus nécessaire d'exécuter le portrait du chef de famille que de payer un tribut à la beauté pure.

Pourtant, si mon hôte suivait de sa cravache le déclin de sa famille, je ne pus le déceler à sa voix : il n'y passait ni orgueil ni regret, au contraire, il parlait d'un ton égal, comme quelqu'un qui raconte une histoire si familière que le sens des mots s'est émoussé.

— Et voici le dernier, mon père, dit-il lorsque nous eûmes longé tout à loisir les quatre côtés.

J'eus sous les yeux une toile grossière, vraisemblablement exécutée vers 1860, par un peintre ambulant au pinceau littéral. Peut-être la main malhabile avait-elle accusé la rudesse des traits et du teint, trouvant plus aisé de peindre le fermier que de rendre le dosage subtil qui caractérisait vraisemblablement le père comme le fils. L'artiste avait affublé son modèle d'un habit noir avec une cravate blanche entortillée autour du cou et le pauvre monsieur n'avait jamais pu s'y faire.

Je me crus obligée de conclure :

— Eh bien, Mr Martyn, je vous suis très obligée, à vous et à votre femme...

— Un instant ! interrompit-il. Nous n'avons pas fini. Il reste les livres.

Il y avait dans sa voix un entêtement à demi comique, comme s'il était résolu à mener à bien l'entreprise malgré le peu d'intérêt qu'elle présentait pour lui.

Il ouvrit une porte et me pria d'entrer dans une pièce, un

bureau plus précisément, car la table et ses piles de paperasse et les murs où s'alignaient des registres suggéraient que c'était le lieu où se traitaient les transactions du maître de céans. La décoration se composait de pattes et de queues de renards, et surtout d'animaux morts, levant des pattes inertes, gueule ouverte, langue de plâtre, sur diverses étagères et casiers.

— Ça, ça date d'avant les tableaux », dit-il. Il se baissa et souleva pesamment un gros paquet de papiers jaunis. Ils n'étaient pas reliés et ne tenaient ensemble que par un gros cordon de soie verte avec des barres à chaque bout, comme on en utilise pour réunir des liasses de documents graisseux, la note du boucher, les revenus de l'année. « Ça, c'est le premier lot, dit-il en faisant jouer les feuilles comme un paquet de cartes. Numéro un de 1480 à 1500.

J'en eus le souffle coupé, comme bien l'on pense. Mais la voix tempérée de Mr Martyn me rappela que l'enthousiasme n'était pas de mise, et d'ailleurs l'enthousiasme commençait à me sembler camelote au regard de cette authenticité. Je me bornai donc à dire :

— Ah, vraiment ? comme c'est intéressant. Je peux jeter un coup d'œil ?

Ma main indisciplinée trembla un peu lorsque le paquet y fut jeté négligemment. Mr Martyn proposa d'aller chercher un plumeau avant de souiller ma peau blanche mais je lui assurai que peu importait, avec trop d'empressement peut-être car j'avais craint qu'il n'y eût une raison plus valable de ne pas me remettre ces précieux papiers.

Tandis qu'il se penchait devant une bibliothèque, je jetai un coup d'œil furtif à la première inscription du parchemin.

— « Journal de Maîtresse Joan Martyn, déchiffrai-je, tenu par elle à Martyn Hall en l'an de grâce 1480. »

— Le journal de ma grand-mère Joan, interrompit Mr Martyn en se retournant avec une brassée de livres. Drôle de petite dame que ça a dû être. J'ai jamais pu en tenir un, moi, de journal. Je dépasse jamais le 10 février. Tandis que là, vous voyez », il se penchait par-dessus mon épaule, tournait les pages, pointait son doigt, «voilà janvier, février, mars, avril etc., douze mois tout juste.

— Vous l'avez donc lu? demandai-je attendant, que dis-je, espérant qu'il répondrait non.

— Oui oui, je l'ai lu», observa-t-il sans la moindre emphase, comme si c'était une entreprise toute simple. «J'ai mis du temps à m'habituer à l'écriture, et puis son orthographe était spéciale; mais il y a des curiosités là-dedans. Elle m'a appris bien des choses sur nos terres, par la bande.

Il tapotait le journal d'un air pensif.

— Et vous connaissez aussi son histoire?

— Joan Martyn, commença-t-il d'une voix de Monsieur Loyal, est née en 1495. C'était la fille de Giles Martyn, sa seule fille. Notez bien qu'il avait trois fils. Nous faisons des fils, nous autres. Elle a écrit ce journal à l'âge de vingt-cinq ans. Elle a passé toute sa vie ici, elle ne s'est jamais mariée; d'ailleurs, elle est morte à trente ans. Je pense que vous verriez sa tombe là-bas, avec les autres. Mais ça, dit-il en touchant un livre épais à reliure de parchemin, c'est plus intéressant, à mon avis. C'est le registre de l'oncle Jasper pour l'année 1583. Regardez un peu comment il tenait ses comptes; tout ce qu'ils mangeaient, tout ce qu'ils buvaient, combien coûtaient la viande, le pain, le vin; combien de domestiques ils avaient... les chevaux, les voitures, les lits, les meubles. Ça, c'est de la méthode. J'en ai dix comme ça.» C'était la première fois que je l'entendais parler de ce qu'il possédait avec autant de fierté. «Ça aussi, ça fait de la lecture pour les soirées d'hiver, poursuivit-il. C'est le livre des étalons de Willoughby. Vous vous rappelez Willoughby?

— Celui qui a acheté le cheval du duc et qui est mort de la petite vérole, récitai-je promptement.

— Parfaitement, approuva-t-il. Eh bien ça, c'est du beau travail, poursuivit-il comme un connaisseur évoquant sa marque de porto préférée. Je ne le vendrais pas pour vingt livres. Il y a les noms, les pedigrees, la durée de la vie, la valeur, les descendants — une vraie bible.» Et il débita quelques noms bizarres de ces chevaux morts; on aurait dit qu'il savourait leurs sonorités comme un bon vin. « Demandez à ma femme, je peux vous les dire de mémoire. » Il rit, referma le livre avec précaution et le remit sur le rayon. « Voici les livres du domaine; ils vont jusqu'à cette année, ça c'est le dernier. Toute l'histoire de notre famille. » Il déroula une longue bande de parchemin sur laquelle un arbre généalogique complexe avait été tracé, avec les nombreuses fioritures et extravagances d'une plume médiévale. Les branches finissaient par s'étendre si loin qu'elles étaient taillées sans pitié par les limites de la feuille, un mari rattaché à la branche avec dix enfants mais sans femme. A la base, une encre récente avait enregistré les noms de mon hôte, Jasper Martyn, et de sa femme, Elizabeth Clay; ils avaient trois fils. Son doigt parcourait l'arbre avec sagacité comme si, à force d'habitude, il connaissait le chemin presque tout seul. Sa voix murmurait en continu comme si elle répétait des litanies de saints ou de vertus. « Oui, conclut-il en enroulant la feuille pour la reposer. Je crois que ce sont mes deux préférés. Je pourrais les dire les yeux fermés. Chevaux et aïeux!

— Vous venez donc souvent étudier ici? demandai-je, quelque peu déconcertée par cet homme singulier.

— Je n'ai pas le temps d'étudier », répliqua-t-il avec une certaine brusquerie, comme si ma question avait fait resurgir le fermier en lui. « J'aime bien lire quelque chose de facile les soirs d'hiver; et le matin aussi, si je me réveille tôt.

Il me demanda la permission d'allumer une pipe et se mit à souffler de grandes volutes de fumée tout en rangeant les tomes dans l'ordre, devant lui. Mais je gardais le premier ballot de parchemin à la main et il ne semblait pas s'apercevoir de son absence.

— J'imagine que vous répugneriez à vous séparer d'un seul d'entre eux? hasardai-je en dissimulant mon avidité sous un petit rire.

— M'en séparer, et pourquoi faire? » L'idée lui était si peu venue à l'esprit que, contrairement à ce que j'avais craint, ma question n'éveillait même pas ses soupçons. « Non, non, poursuivit-il, ils me sont bien trop utiles. C'est que, madame, ces vieilles paperasses ont défendu mes droits dans plus d'un procès. Et puis, on aime avoir sa famille autour de soi. Je me sentirais bien seul, ma foi, si vous voyez ce que je veux dire, sans mes grands-pères et grand-mères et mes oncles et tantes.

Il disait cela comme on avoue une faiblesse.

— Mais je comprends tout à fait.

— Vous savez sans doute ce que c'est vous-même, madame; et ici, dans ce coin perdu, vous ne pouvez pas vous figurer combien ça compte, la compagnie. Je me dis souvent que je ne saurais pas à quoi passer mon temps sans les miens.

Je ne trouverais jamais de mots, même si je rapportais les siens, qui rendent cette impression singulière : on aurait cru que « les siens », grands-pères du temps d'Elizabeth, que dis-je, grand-mères du temps d'Edward IV, étaient à deux pas de lui, avec leurs présences protectrices et méditatives; sa voix ne trahissait aucun orgueil généalogique, mais seulement une affection filiale toute personnelle. Toutes les générations semblaient baignées dans son esprit par la même clarté égale : ce n'était pas précisément la lumière du présent, mais ce n'était certes pas non plus ce qu'il est convenu d'appeler la lumière du passé, et elle n'était pas romantique, mais sobre, mais spacieuse, et les personnages s'y dessinaient, solides et capables, très ressemblants, je gage, à ce qu'ils étaient en chair et en os.

Point n'était besoin de beaucoup d'imagination pour percevoir que Jasper Martyn pouvait quand bon lui semblait laisser sa ferme et ses champs pour s'asseoir ici à son aise et faire un brin de causette avec « les siens »; et leurs voix devaient lui parvenir presque aussi clairement que celle des journaliers du champ en contrebas, qui entrait à flots par la fenêtre ouverte avec la lumière égale de l'après-midi.

Quand je pensais que mon premier mouvement avait été de lui demander s'il était vendeur, je rougissais presque de mon absurdité et de mon impertinence. En outre, aussi étrange que cela puisse paraître, j'avais temporairement perdu mon zèle de médiéviste; tout mon goût de l'ancien, des marques d'âge qui donnent aux choses leur caractère, m'avait abandonnée; j'y voyais les manifestations triviales et insignifiantes d'une substance plus vaste. L'ingéniosité du médiéviste n'aurait pas trouvé à s'exercer à l'égard des ancêtres de Mr Martyn, et il n'avait que faire d'un historien pour lui expliquer sa propre histoire.

Ils sont tous de chair et de sang comme moi, m'aurait-il dit. Le fait qu'ils soient morts depuis quatre ou cinq siècles ne les change pas plus que le verre que l'on pose sur la toile qu'on encadre.

Mais s'il semblait impertinent d'acheter, emprunter au contraire devenait tout naturel, même si la demande dénotait une certaine simplicité.

— Eh bien, Mr Martyn, dis-je avec moins de fébrilité et de palpitations que je n'en aurais attendu de ma part en pareille circonstance, je compte rester une semaine ou deux par ici — à l'auberge du Cygne, à Gartham, pour être précise —, et, si vous acceptiez de me prêter ces papiers pour que je les parcoure pendant mon séjour, je vous en serais très obligée. Voici ma carte, et Mr Latham [c'était le grand propriétaire terrien du lieu] vous répondra de moi.

Mon instinct me disait que Mr Martyn n'était pas homme à se fier à ses élans de sympathie.

— Bah, madame, pourquoi tant d'embarras», dit-il légèrement, comme si ma requête ne méritait pas d'être examinée de si près. «Si ces vieilles paperasses vous tentent, je vous les prête de bon cœur.

Il semblait tout de même un peu surpris, aussi ajoutai-je que je m'intéressais beaucoup aux histoires de familles, fussent-elles celles des autres.

— Ma foi, quand on a le temps, ça peut amuser, sûrement.» Il approuvait par politesse mais je pense qu'il s'était fait une plus haute idée de mon intelligence. «Lequel voulez-vous? demanda-t-il en tendant la main vers les livres du domaine de Jasper et le livre des étalons de Willoughby.

— Eh bien, je crois que j'aimerais commencer par votre grand-mère Joan; j'aime bien commencer par le commencement.

— Comme vous voudrez, dit-il en souriant, mais je ne crois

pas que vous lui trouverez quoi que ce soit de spécial ; elle était comme nous autres, pour autant que je puisse en juger ; elle n'avait rien de remarquable.

N'empêche, je m'en allai avec grand-mère Joan sous le bras ; Betty insista pour me l'envelopper dans du papier kraft afin de déguiser la curieuse nature du paquet car je refusais qu'ils me le fassent porter, comme ils le souhaitaient, par le petit commissionnaire à bicyclette.

1

Les temps ne sont plus ce qu'ils étaient quand elle était fille, me dit ma mère, ils sont moins sûrs, moins heureux ; de sorte qu'il nous faut rester sur nos terres. De fait, à la nuit close, et le soleil se couche terriblement tôt en janvier, il nous faut être en sûreté derrière les portes du château ; ma mère sort dès qu'il fait trop noir pour broder, les grandes clefs en main. Elle crie : « Tout le monde est rentré ? » et elle sonne les cloches sur la route pour le cas où l'un de nos journaliers serait encore aux champs. Puis elle referme les portes, les boucle avec le verrou, et nous voilà coupés du monde. Parfois, je suis pleine de hardiesse et d'impatience quand la lune se lève sur les terres étincelantes de givre ; je crois sentir la pression de tout ce monde libre et beau — l'Angleterre et la mer et les terres d'outre-mer — qui roule comme vague contre nos portes de fer, qui se brise et reflue et revient se briser toute la longue nuit noire. Une fois, j'ai sauté à bas de mon lit et j'ai couru dans la chambre de ma mère en criant : « Laissez-les entrer ! Laissez-les entrer ! Nous mourons de faim ! » Ma mère a crié : « Est-ce que les soldats sont là, mon enfant, ou est-ce la voix de ton père ? » Elle a couru à la fenêtre et ensemble nous avons contemplé les champs d'argent : tout était paisible. Mais j'ai été incapable de lui expliquer ce que j'avais entendu et elle m'a dit de dormir et de remercier le ciel qu'il y ait des portes solides entre moi et le reste du monde.

Mais, d'autres nuits, des nuits que le vent est fou et que la lune a sombré dans les nuages en fuite, je suis bien aise de penser que tous ces hommes sans foi ni loi qui rôdent par les chemins et se cachent dans les bois auraient beau faire, jamais ils ne passeraient nos portes. La nuit dernière, il en allait ainsi, comme souvent lorsque mon père est à Londres et mes frères avec l'armée, sauf mon petit frère Jeremy, et que c'est ma mère qui doit faire marcher la ferme et son monde et s'assurer que tous nos droits sont respectés. Dès que la cloche de l'église a sonné huit coups, nous n'avons plus l'autorisation de brûler chandelle ; alors, nous nous installons autour des bûches avec le prêtre John Sandys et un ou deux serviteurs qui couchent au château avec nous. Ma mère, qui ne saurait rester inactive même à la seule lueur du feu, enroule sa laine pour tricoter, assise dans la grande chaise au coin de l'âtre. Lorsque sa laine s'embrouille, elle donne un grand coup de tisonnier pour faire éclater une averse de flammes et d'étincelles ; elle penche la tête dans la lumière mordorée et l'on voit toute la noblesse de sa physionomie, malgré son âge, car elle a passé quarante ans, et les profonds sillons que l'attention et la réflexion ont creusés sur son front. Elle porte une coiffe de linge fin qui lui encadre étroitement la tête ; elle a des yeux profonds et austères, la joue vermeille comme pomme d'hiver. C'est un privilège que d'être la fille d'une telle femme et d'espérer qu'un jour le même pouvoir m'échoie : c'est elle qui nous gouverne, tous.

John Sandys, malgré son saint ministère, n'est jamais que son serviteur. Il fait ce qu'elle veut, simplement et à sa manière plaintive, trop heureux lorsqu'elle lui demande son avis, pour n'en pas tenir compte d'ailleurs. Mais elle me tancerait vertement si je me permettais une telle remarque : elle est la fidèle fille de l'Église et révère son prêtre.

Et puis il y a William et Anne, les serviteurs qui prennent place avec nous car ils sont si vieux que ma mère veut qu'ils partagent notre feu. Mais William est si ancien, si courbé d'avoir tant creusé, tant planté, si fourbu, si tanné par le soleil et le vent qu'autant vaudrait demander au saule du marais de partager le feu et la conversation. Pourtant, sa mémoire est fort longue et s'il pouvait nous conter, comme il essaie parfois de le faire, toutes les choses qu'il a vues de son temps, ce serait curieux à entendre. La vieille Anne, elle, a été la nourrice de ma mère, et la mienne aussi ; elle ravaude encore nos vêtements et elle en sait plus long que tout le monde, à l'exception de ma mère, sur les choses de la maison. Elle vous racontera l'histoire de chaque chaise, de chaque table, de chaque tapisserie ; mais, par-dessus tout, elle aime causer avec ma mère et notre prêtre des partis qui me conviendraient.

Tant qu'on y voit assez clair, il me revient de faire la lecture, car je suis la seule à savoir lire, quoique ma mère sache écrire mieux qu'une personne de son temps. Mon père m'a envoyé un manuscrit de Londres ; c'est *Le Temple de verre*[4] de Sir John Lydgate, un poème sur Hélène et le siège de Troie.

Hier soir, j'ai lu la description d'Hélène, de sa beauté, de ses prétendants, et de la bonne ville de Troie ; ils m'écoutaient tous sans mot dire : si aucun d'entre nous ne sait où se trouvent ces pays, nous savons bien à quoi ils ressemblaient. Nous pouvons pleurer sur les souffrances des soldats et nous représenter cette femme majestueuse, que je m'imagine un peu comme ma mère. Elle bat du pied en cadence, ma mère, et voit passer toutes les processions ; je le devine à la lueur de ses yeux et au balancement de sa tête.

— Cela se sera passé en Cornouailles où vivaient le roi Arthur et ses chevaliers, a dit John Sandys. J'ai su de tous leurs faits des histoires que je pourrais vous conter, mais la mémoire me faut.

— Ah mais il y a aussi les belles histoires des Normands, a dit Anne dont la mère était de ces contrées, mais je les ai souvent chantées à notre maître, et à vous aussi, demoiselle.

Ma mère m'a commandé de lire encore tant qu'on y voyait clair et au vrai je crois bien que c'était elle la plus attentive, et aussi la plus contrariée lorsque l'église toute proche a sonné le couvre-feu. Mais elle s'est dite vieille sotte d'écouter des histoires quand les comptes n'étaient pas encore faits pour mon père, là-bas à Londres.

Quand on éteint la chandelle et qu'il ne fait plus assez clair pour lire, ils se mettent à parler de l'état du pays, à raconter des histoires épouvantables de complots et de batailles et de boucheries. Mais, pour autant que j'en juge, les choses ne vont pas plus mal pour nous que par le passé ; et nous autres aujourd'hui, dans le Norfolk, nous ressemblons fort à ce que nous étions du temps d'Hélène, où qu'elle ait vécu. Jane Moryson n'a-t-elle pas été enlevée la veille de ses noces l'an passé ?

Mais enfin l'histoire d'Hélène est vieille ; ma mère me dit qu'elle s'est passée bien avant son temps, et que les voleries et les incendies dont ils parlent se produisent ici et maintenant. Alors, leurs conversations nous font trembler, Jeremy et moi, et chaque fois que la grande porte gronde nous croyons entendre les coups de bélier d'un voleur des grands chemins.

2

L'aube, même froide et mélancolique, ne manque jamais de lancer dans mes membres ses flèches qu'on dirait de givre étincelant et acéré. Je tire les lourds rideaux et cherche la première lueur qui montre la percée de la vie. La joue au carreau, j'aime à m'imaginer que je serre d'aussi près que possible le grand mur du temps qui toujours lève, retire et dégage des pans de vie neufs au-dessus de nous. Puisse-t-il m'appartenir de goûter cet instant avant qu'il ne s'étende sur le reste du monde, d'en goûter la fraîcheur et la nouveauté ! De ma fenêtre, je vois le cimetière où sont enterrés tant de mes aïeux, et dans ma prière j'ai pitié de ces pauvres morts, jouets de l'onde et de son éternel va-et-vient, car je les vois décrire des cercles, roulés à jamais par le flot pâle. Puissions-nous, nous qui avons le don du présent, en user et jouir : voilà, je le confesse, un peu de ma prière du matin.

Il a plu tout le jour, si bien que j'ai dû passer la matinée à tirer l'aiguille. Ma mère écrivait à mon père la lettre que John Ashe lui portera à Londres la semaine prochaine. Mes pensées se sont naturellement arrêtées sur ce voyage et sur cette grande ville que peut-être il ne me sera jamais donné de voir, quand je ne cesse d'en rêver. On part à l'aube car mieux vaut ne pas passer trop de nuits en chemin. John fait route avec trois autres voyageurs qui vont à Londres eux aussi. Je les ai souvent vus partir, et combien j'ai souhaité être du voyage ! Ils se rassemblent dans la cour ; les étoiles brillent encore au ciel ; les gens du voisinage sortent de chez eux enveloppés dans des manteaux et d'étranges vêtements. Ma mère porte un pot de bière à chaque voyageur et le lui donne de sa propre main. Les chevaux sont chargés de ballots devant et derrière leur cavalier mais pas au point qu'ils ne puissent prendre le galop si besoin était ; et les hommes sont bien armés et chaudement vêtus d'habits fourrés car ils sont courts et froids les jours d'hiver et il arrive que l'on doive coucher sous une haie. C'est chose belle à voir que leur départ à l'aube ; les gens s'attroupent ; on souhaite bonne route au nom de Dieu ; on donne ses derniers messages pour ses amis à Londres. Sur le coup de quatre heures, ceux qui s'en vont tournent bride, saluent ma mère et le reste de la compagnie, et les voilà sitôt partis. Bien des jeunes gens les escortent quelques pas jusqu'à ce que la brume les sépare : parti ainsi dans l'aube, il en est plus d'un qui n'est jamais revenu.

Je me les représente, tout le jour par les chemins blancs, et je les vois mettre pied à terre devant l'autel de Notre-Dame, lui faire leurs dévotions et lui demander la grâce d'un bon voyage. Il n'y a qu'une seule route et elle traverse de vastes terres où nul n'habite que ceux qui ont tué ou volé, car ceux-là en effet n'ont pas le droit d'habiter les villes des hommes ; il leur faut passer leur vie comme les bêtes sauvages qui tuent, elles aussi, et vous mangent la laine sur le dos. C'est une effrayante chevauchée mais en vérité je crois que j'aimerais bien la prendre une fois cette route, et traverser ainsi la terre, comme un navire la mer.

A midi, ils atteignent l'auberge ; il y en a une à chaque étape, où le voyageur est en sécurité. L'aubergiste dit l'état de la route et s'enquiert des aventures survenues pour mieux prévenir ceux qui suivront. Mais il ne faut pas tarder si l'on veut gagner l'étape du soir avant que la nuit ne lâche ses créatures féroces qui se cachent le jour. John m'a souvent raconté que, lorsque le soleil baisse, le silence s'abat sur la compagnie et alors les hommes ont la main sur leur arme, les chevaux mêmes dressent l'oreille et n'ont plus besoin de l'éperon. On atteint le haut de la côte et on regarde avec crainte s'il n'y a pas quelque chose qui bouge dans l'ombre du sapin au bord de la route, en contrebas. Et puis Robin, le joyeux meunier, lance une bribe de chanson et reprenant courage ils descendent bravement la côte sans cesser de causer, de peur que le souffle du vent, profond comme plainte de femme, ne jette l'effroi dans leurs cœurs. Puis quelqu'un se dresse sur ses étriers et voit l'étincelle d'un logis tout là-bas à l'horizon. Et si Notre-Dame leur est miséricordieuse ils y parviennent sains et saufs, tandis que nous, ici, nous sommes à genoux, priant pour eux.

3

Ma mère m'a tirée de ma lecture ce matin en me faisant quérir. Je l'ai trouvée dans la petite pièce où mon père a coutume de s'installer, lorsqu'il est ici, pour lire les parchemins du manoir et les actes notariés. C'est là qu'elle va elle aussi remplir ses devoirs de maîtresse du domaine. Je lui ai fait une profonde révérence avec l'idée que je devinais pourquoi elle m'avait fait venir.

Elle avait sous les yeux une feuille couverte d'une écriture serrée. Elle m'a priée de la lire, mais avant que je ne l'aie prise en main elle s'est écriée qu'elle allait me la lire elle-même.

— Ma fille, a-t-elle commencé solennellement, il est grand temps que tu te maries. D'ailleurs, a-t-elle ajouté avec un soupir, si la chose a tant tardé c'est parce que les temps sont si troublés que nous ne savions que penser.

Elle m'a regardée avec un demi-sourire et m'a demandé quel bien je pensais du mariage.

— Je n'ai pas envie de vous quitter.

— Allons, petite, tu parles comme un enfançon ! » Elle a ri mais je pense que ma tendresse lui a fait plaisir. « Au reste, si tu te mariais selon mes vœux, tu ne t'en irais pas bien loin. Tu pourrais par exemple devenir maîtresse du domaine de Kirflings. Tes terres toucheraient les nôtres, tu serais notre bonne voisine. Le seigneur de Kirflings est Sire Amyas Bigod et sa famille est ancienne.

Et, songeuse, la feuille toujours devant elle, elle a conclu que ce serait un mariage assorti, comme une mère en souhaite pour sa fille.

Je n'ai vu Sire Amyas qu'une seule fois ; il rentrait d'une assemblée à Norwich avec mon père ; je ne lui ai adressé la parole que pour l'inviter gravement à boire du vin doux que je lui présentais avec une révérence. Je ne pouvais donc rien prétendre ajouter à ce que ma mère venait de dire. Je voyais seulement qu'il a un beau visage franc, que, si ses cheveux sont gris, ils le sont moins que ceux de mon père et que, ses terres jouxtant les nôtres, nous pourrions vivre heureux les uns près des autres.

— Le mariage, ma fille, est un grand honneur et un grand fardeau, il faut que tu le saches, a poursuivi ma mère. Si tu épouses un homme comme Sire Amyas, tu deviens maîtresse de sa maison, ce qui n'est pas peu dire, mais surtout mère de sa descendance dans les siècles des siècles. Nous ne parlerons pas d'amour comme ton trouvère qui parle de passion, de feu et de folie...

— Ah, mère, ce n'est qu'un conteur, ai-je aussitôt renchéri.

— Et ces choses ne se rencontrent pas dans la vie ; du moins pas souvent, je crois. » Ma mère a coutume de peser tout ce qu'elle dit. « Mais là n'est pas la question. J'ai là une lettre de Sire Amyas à ton père. Il demande ta main et voudrait savoir si nous avons d'autres dispositions pour toi et quelle dot nous te donnerons. Il nous dit ce qu'il apporte pour sa part. Tiens, lis toi-même et juge si les termes sont équitables.

Je savais déjà quelles terres et quel argent je recevrais en partage et que, fille unique de mon père, ma dot ne serait pas des moindres.

Pour continuer à vivre dans ce pays que j'aime, je serais prête à accepter moins que ma part et de richesses et de terre. Mais la gravité du contrat est telle que j'ai eu le sentiment de vieillir de plusieurs années quand ma mère m'a tendu le rouleau de parchemin. J'entends mes parents parler de mon mariage depuis que je suis tout enfant, et ces deux ou trois dernières années on a failli signer plusieurs contrats, mais rien ne s'est fait. Or je perds ma jeunesse, il est grand temps qu'on fasse affaire.

Bien sûr, j'ai réfléchi longtemps, jusqu'à ce que sonne la cloche du dîner de midi en vérité, à cet honneur et à ce fardeau qu'est le mariage, comme dit ma mère. Une vie de femme ne connaît pas d'événement qui apporte plus grand changement; ombre furtive dans la maison de son père, le mariage lui fait tout d'un coup prendre corps, lui donne un poids, et les gens la voient et s'effacent sur son passage. Cela bien sûr si elle fait le mariage qui convient. Ainsi, toute jeune fille attend ce changement d'état avec étonnement et anxiété car il révélera pour jamais qu'elle est honorable et pleine d'autorité, comme ma mère, ou bien qu'elle n'a ni poids ni valeur, dans ce monde ou dans l'autre.

Si je me marie bien, je devrai porter le fardeau d'un grand nom et d'un grand domaine; nombreux les serviteurs qui m'appelleront maîtresse; j'engendrerai des fils; en l'absence de mon mari, je gouvernerai ses gens, je veillerai sur ses troupeaux, ses récoltes, et je garderai un œil sur ses ennemis; chez moi, j'amasserai du linge fin, et mes buffets seront garnis d'épices et de conserves; par la magie de mon aiguille, je réparerai les dommages du temps et de l'usure si bien qu'à ma mort ma fille trouvera mes coffres mieux pourvus encore de beaux habits que je ne les aurai trouvés moi-même. Et quand je mourrai les gens du voisinage passeront trois jours durant bénir mon corps, prier, dire du bien de moi, et à la demande de mes enfants le prêtre dira des messes pour le repos de mon âme, des cierges brûleront à l'église dans les siècles des siècles[5].

4

J'ai été tirée de ces considérations par la cloche du dîner, d'abord. Il ne faut pas être en retard car cela dérange le Benedicite de John Sandys et alors on est privé de dessert. Et puis ensuite, quand j'aurais pu essayer de me figurer ma condition de femme mariée, mon frère Jeremy a insisté pour partir en promenade avec Anthony, le principal intendant de mon père, après ma mère, bien sûr.

C'est un homme grossier mais je l'aime bien parce que c'est un fidèle serviteur et que dans tout le Norfolk on ne trouverait personne qui en sache plus long que lui sur la terre et les moutons. Et puis c'est lui qui a assommé Lancelot à la Saint-Michel, parce qu'il avait mal parlé à ma mère. Il passe sa vie à sillonner nos champs et je lui dis qu'il les connaît et qu'il les aime plus que tout au monde. Il est marié à ce terroir. Il lui trouve les beautés et les qualités que d'autres trouvent à leur femme. Et, d'avoir trotté avec lui depuis que nous sommes en âge de marcher, nous avons fait nôtre une part de son attachement. Moi, j'éprouve pour le Norfolk et la paroisse de Long Winton ce que j'éprouve pour ma propre grand-mère ; cette terre est une aïeule chère, tendre, muette et familière, à laquelle je retournerai à mon heure. Quelle bénédiction ce serait de ne jamais se marier, de ne jamais vieillir et de passer sa vie dans une indifférente innocence parmi les arbres et les rivières qui seuls conservent à l'être sa fraîcheur et sa nature d'enfant au milieu d'un monde troublé ! Le mariage ou toute autre grande joie brouillera la clarté de vision qui est encore la mienne. Et à la pensée de la perdre j'ai crié : « Non ! je ne vous quitterai jamais, ni pour mari, ni pour amant ! » Et aussitôt je me suis mise à pourchasser les lapins par la lande, avec Jeremy et les chiens.

L'après-midi était froide mais lumineuse. On aurait dit que le soleil n'était pas une boule de feu mais de glace étincelante ; que ses rayons étaient de longs glaçons pointés sur la terre. Ils venaient se fendiller sur nos joues et passaient sur les marais.

A l'exception de quelques lapins agiles, tout le pays semblait vide, mais très chaste, très content de sa solitude. Nous courions pour nous réchauffer et quand le sang a circulé en étincelles dans nos membres nous nous sommes mis à causer. Anthony marchait tout droit d'un bon pas, comme si ses longues enjambées étaient le meilleur remède du monde contre le froid. De fait, lorsque nous arrivions à une brèche dans la haie ou bien à un piège à lapins, il retirait ses gants et mettait un genou à terre pour en prendre bonne note, tout comme au cœur de l'été. A un moment, nous avons croisé un drôle d'homme vêtu de hardes vert-de-gris qui marchait d'un pas traînant sur la route, l'air de ne pas savoir où il allait. Anthony m'a serré la main en m'expliquant que c'était un homme du Sanctuaire qui avait franchi les limites permises en quête de nourriture ; il avait volé ou tué, ou peut-être seulement fait des dettes. Jeremy a juré avoir vu du sang sur ses mains, mais Jeremy est un petit garçon et il aimerait bien nous défendre tous tant que nous sommes avec son arc et ses flèches.

Anthony avait affaire dans l'une des chaumières et nous sommes entrés avec lui pour ne pas rester dans le froid. Mais, au vrai, j'ai eu du mal à supporter la chaleur et la puanteur. C'est là que vit Beatrice Somers avec Peter, son mari, et leurs enfants ; mais cela ressemble plus à un terrier de lapin sur la lande qu'à une maison. Le toit est de paille et de chaume et le sol de simple terre battue. Un feu de branchage brûlait dans un coin et sa fumée nous piquait les yeux. Il n'y avait pour tout meuble qu'une vieille bûche pourrie sur laquelle une femme était assise, donnant le sein à un bébé. Elle nous a regardés sans crainte mais la méfiance et l'antipathie se lisaient dans ses yeux et elle a serré son enfant contre elle. Anthony lui a parlé comme on parle à un animal qui a la griffe puissante et l'œil mauvais. Il la dominait de toute sa hauteur et sa grande botte semblait prête à l'écraser ; pourtant, elle n'a pas fait un geste ni dit un mot. Je me demande si elle sait parler ou si elle gronde et hurle pour tout langage.

En sortant, nous avons croisé Peter qui revenait des marais.

Il a bien touché son front pour nous saluer mais il ne m'a pas paru plus humain que sa femme. Il nous a regardés ; on aurait dit que les couleurs vives de mon manteau le fascinaient. Et puis il a dégringolé dans son terrier pour s'y coucher à même le sol, j'imagine, niché dans une litière de bruyère séchée jusqu'au matin. Voilà les gens qu'il nous faut gouverner, fouler aux pieds et mener à la trique si nous voulons qu'ils fassent la seule besogne qui soit la leur, tout comme eux nous déchireraient de leurs crocs s'ils le pouvaient. Ainsi parlait Anthony en nous ramenant ; il serrait les poings et les mâchoires comme s'il rayait déjà de la surface de la terre l'un de ces pauvres diables. Tout de même, la vue de cet affreux visage a gâté le reste de la promenade puisqu'il apparaît que même mon pays nourrit une telle vermine. J'ai vu des yeux me fixer derrière les ajoncs et le fouillis du sous-bois.

Quand je suis arrivée dans notre château bien propre où les bûches brûlaient sans faire de crasse dans la grande cheminée, où les meubles de chêne luisaient, j'ai eu l'impression de m'éveiller d'un mauvais rêve. Ma mère a descendu l'escalier dans sa robe richement brodée, sa coiffe immaculée sur la tête et tout à coup j'ai pensé que les rides de son visage, la sévérité de sa voix lui viennent un peu de ce que les spectacles que j'ai vus aujourd'hui ne sont jamais bien loin de son esprit.

5

Mai
Le printemps qui nous est venu apporte plus que le seul renouveau de la verdure. Une fois de plus, dans le courant de vie qui baigne l'Angleterre, c'est le dégel et nous sentons la marée se déchirer sur les côtes de notre petite île. Depuis une semaine ou deux, on voit des voyageurs insolites par les chemins ; ce sont aussi bien des pèlerins, des colporteurs, que des gentilshommes qui s'en vont à Londres ou vers le nord par petits groupes. A cette saison, l'esprit s'impatiente, il espère, quand même le corps

ne doit pas se manifester. Si les jours allongent, si une lumière neuve semble sourdre de l'ouest, on peut bien croire qu'une autre lumière neuve et plus pure s'étend sur le pays ; et quand on marche ou quand on brode on la sent sur sa paupière.

Dans cet émoi, dans ce tumulte, un beau matin de mai, nous avons vu un homme s'avancer à grands pas sur la route ; il marchait vite, en gesticulant comme s'il parlait avec le vent. Il portait un grand sac sur son dos et nous avons vu qu'il tenait à la main un grand livre de parchemin qu'il regardait de temps à autre. Il ne cessait de crier des phrases que sa marche semblait rythmer et, soit menace ou plainte, on l'entendait hausser puis baisser le ton. Jeremy et moi nous sommes coulés contre la haie mais il nous a vus, il a retiré son chapeau et s'est profondément incliné devant moi ; à quoi j'ai répondu de mon mieux par une révérence.

— Dame, a-t-il dit d'une voix qui roulait comme tonnerre d'été, puis-je vous demander si je suis bien sur la route de Long Winton ?

Je lui ai dit que c'était droit devant, à une demi-lieue, et sans ouvrir la bouche Jeremy a désigné la route du bout de son bâton.

— Ores, Sire », a poursuivi l'étranger, comme reprenant soudain conscience de ce qu'il venait faire, « puis-je vous demander encore quelle est la demeure où je pourrai le mieux vendre mes livres ? Je viens de Cornouailles en chantant des chansons et j'essaie de vendre mes manuscrits, mais mon sac est encore plein car les temps ne portent guère aux chansons.

En effet l'homme, quoique gaillard et vermeil, était vêtu comme un pauvre hère, ses bottes si rapiécées que marcher devait lui être une pénitence. Mais il avait en lui une manière de gaieté et de courtoisie, comme si la belle musique de ses chansons s'attachait à lui et le plaçait au dessus des pensées communes.

Je tirai mon frère par la manche et répondis :
— Nous sommes du manoir nous autres, Sire, et nous nous ferons un plaisir de vous montrer le chemin. Je serais bien aise de voir vos livres.

Aussitôt ses yeux ont perdu leur gaieté et il m'a demandé presque sévèrement si je savais lire.

— Oh, Joan a toujours le nez dans les livres, s'est écrié Jeremy en me tirant par la manche lui aussi. Racontez-nous vos voyages, Sire. Êtes-vous déjà allé à Londres ? Comment vous nommez-vous ?

— On me nomme Richard, Sire, a dit l'homme en souriant. J'ai sûrement un autre nom mais je ne l'ai jamais entendu dire par personne. » Puis, se tournant vers moi : « Je viens de Gwithian en Cornouailles et je pourrais vous chanter plus de chansons de mon pays que quiconque dans le duché, Dame. » Et, avec un grand geste de sa main qui portait le livre : « Tenez, par exemple, dans ce petit volume, j'ai toutes les histoires des chevaliers de la Table ronde, écrites de la main de Maître Anthony lui-même et enluminées par les moines de Cam Brea. J'y tiens plus qu'à femme et enfants, car je n'en ai pas. Ce m'est viande et vin, car on me donne le gîte et le couvert pour chanter les contes qui s'y trouvent ; ce m'est cheval et bâton, car grâce à lui j'ai marché bien des lieues quand j'étais las et c'est le meilleur des compagnons de route car il a toujours un air nouveau à me chanter et fait silence quand je veux dormir. C'est un livre sans pareil !

Si parlait-il et c'était la première fois que j'entendais quelqu'un parler de la sorte. A l'entendre, on n'aurait pas cru qu'il exprimait sa pensée, ni qu'il se souciait d'être compris, mais bien plutôt que les mots lui étaient chers, qu'il fût sérieux ou plaisant. Comme nous arrivions dans notre cour, il s'est redressé, il a essuyé ses bottes avec un mouchoir et il a passé vivement les mains sur son vêtement pour y mettre un peu meilleur ordre. Il s'est éclairci la voix, aussi, comme un qui va chanter. J'ai couru chercher ma mère ; elle s'est avancée sans hâte et l'a regardé par une des fenêtres du haut avant de consentir à l'entendre. Je la pressai :

— Mère, son sac est bourré de livres, il a toutes les histoires d'Arthur et de la Table ronde, je crois bien qu'il pourra nous dire ce qu'il est advenu d'Hélène quand son mari l'a reprise. Oh, écoutons-le, Mère, s'il plaît à vous !

Ma mère a ri de mon impatience mais elle m'a dit d'appeler Sire John, car, après tout, la matinée était belle.

Lorsque nous sommes descendues, l'homme marchait de long en large, à discourir de ses voyages avec mon frère ; et comment il avait assommé celui-ci et crié à cet autre : « Approche un peu, canaille ! » et comment ils s'étaient tous sauvés comme... Sur ce, il a vu ma mère et il a mis chapeau bas de cette manière qui n'était qu'à lui.

— Ma fille me dit, Sire, que vous venez de contrées étrangères et que vous chantez. Nous sommes simples gens de la campagne, peu habitués aux contes d'autres pays, je le crains. Mais nous sommes disposés à vous écouter. Chantez-nous donc quelque chose de chez vous et puis, si bon vous semble, vous vous mettrez à table avec nous et nous serons bien aises d'apprendre les nouvelles du pays.

Elle a pris place sur le banc à l'ombre du chêne et Sire John est arrivé, hors d'haleine. Elle a ordonné à Jeremy d'ouvrir grandes les portes pour faire entrer ceux de nos gens qui avaient envie d'écouter et ils sont entrés, timides et curieux, bouche bée devant maître Richard, qui a une fois de plus agité son chapeau pour les saluer.

Il est monté sur un talus herbeux et s'est mis à conter d'une voix haute et mélodieuse l'histoire de Sire Tristan et de Dame Iseut.

Sa gaieté l'avait abandonné. Le regard lointain et fixe, on aurait dit que les mots lui venaient d'une vision qu'il était seul à connaître. Comme l'histoire s'enflammait, il haussait la voix, serrait les poings, tendait les bras. Quand les amants se sont séparés, on aurait cru qu'il voyait la dame sombrer à ses regards, qu'il la suivait des yeux, vision qui s'éloignait pour disparaître : ses bras étaient vides. Le voici navré en Bretagne. Il apprend que la princesse traverse les mers pour le rejoindre.

Mais je ne saurais raconter comment l'air semblait peuplé de chevaliers et de dames qui passaient parmi nous, main dans la main, murmurant sans nous voir ; des hêtres et des peupliers, semblaient émaner des silhouettes grises parées de gemmes argentées, en suspens dans l'air et voilà que le matin s'est empli de chuchotements et de soupirs, de plaintes d'amants.

Mais la voix s'est tue et ces silhouettes se sont retirées, dissipées, effilochées dans le ciel vers l'Occident où elles demeurent. Lorsque j'ai ouvert les yeux, l'homme, le mur gris, les gens assemblés à nos portes sont remontés comme des profondeurs pour refaire surface et s'imposer, nets et froids.

— Pauvres amants! a dit ma mère.

Richard avait l'air d'un homme qui vient de lâcher la proie pour l'ombre. Il nous a regardés; j'avais presque envie de lui tendre la main pour lui dire qu'il était ici en sécurité. Cependant, il s'est ressaisi et il a souri comme s'il avait lieu d'être content.

Il a vu la foule assemblée et a lancé un air galant sur une fillette brune comme noisette et son amant; nos gens souriaient et tapaient du pied en cadence. Puis ma mère nous a appelés pour le dîner et elle a fait asseoir Maître Richard à sa droite.

Il a mangé comme un homme qui s'est nourri de paille ou de foin et qui a bu l'eau des ruisseaux, puis, quand on a rapporté la viande à la cuisine il a solennellement tiré son sac pour en sortir divers objets qu'il a étalés sur la table. Il y avait des agrafes et des broches, des colliers de perles. Il y avait aussi de nombreuses feuilles de parchemin cousues ensemble, mais rien qui fût de l'épaisseur de son livre. Comme il voyait mon envie, il m'a mis le précieux volume dans la main pour me faire voir les images. C'était certes un travail magnifique. Les majuscules encadraient des ciels bleus et des robes dorées, et, au milieu des passages écrits, il y avait de grandes taches de couleurs où l'on voyait des princes et des princesses s'avancer en cortège, des villes avec leurs églises sur des promontoires abrupts où venait se briser une mer bleue. C'était comme les miroirs de ces visions que j'avais vues passer dans les airs, mais là l'image les tenait captives, à tout jamais.

— Vous en avez vu, vous, des choses pareilles? lui ai-je demandé.

A quoi il a répondu par ce mystère :

— Les voit qui a des yeux pour voir.

Il m'a repris son manuscrit, il a rattaché les couvertures avec soin et l'a remis contre son cœur. A l'extérieur, il était tout aussi jauni et rongé que le missel d'un prêtre dévot, mais à l'intérieur les dames et les chevaliers passaient dans tout leur éclat au gré de la mélodie ininterrompue des beaux mots. Et, ce monde féerique, il l'a serré dans son manteau.

Nous avons offert à Maître Richard le gîte pour la nuit, et plus encore, s'il voulait nous faire le plaisir de rester chanter pour nous. Mais il n'écoutait pas plus nos prières que la chouette dans le lierre. Il n'a su que nous dire : « Il me faut reprendre la route », et nous avons eu le sentiment qu'un oiseau inconnu s'était perché un moment sur notre toit pour repartir à tire d'aile.

6

La Saint-Jean

Il vient une semaine ou peut-être seulement un jour où l'année semble consciemment en équilibre sur sa crête; elle y reste immobile, peu ou prou, en contemplation, en majesté, puis elle décline lentement, comme un monarque descend les marches de son trône, et elle se drape de ténèbres.

Mais les images vous glissent entre les doigts.

En ce moment, j'ai le sentiment d'avoir été haut lancée dans des régions sereines, sur le vaste dos du monde. La paix de la nation et la prospérité du coin que nous y occupons, car mon père et mes frères sont parmi nous, décrivent un parfait cercle de satisfaction et l'on passerait du dôme lisse du ciel à notre propre toit sans traverser le moindre gouffre.

Ainsi, le moment nous a paru tout choisi pour notre pèlerinage à Notre-Dame de Walshingham, d'autant que cette année j'ai grandes grâces à rendre et plus grandes encore à demander. Mon mariage avec Sire Amyas est fixé au vingtième de décembre et nous nous affairons aux préparatifs. Or donc, hier, dès l'aube, je suis partie à pied pour montrer que je m'approchais du sanctuaire dans un esprit d'humilité. Il n'y a rien de tel qu'une longue marche pour préparer à la prière.

Il faut partir l'âme fraîche comme une jument nourrie de bon grain. On la laisse courir et ruer à sa guise, vous ballotter à droite et à gauche. Rien ne peut la tenir sur la route, elle folâtre dans les prés humides de rosée en foulant mille fleurs délicates.

Mais la journée se fait chaude et, quoiqu'elle renâcle, on peut la remettre dans le droit chemin ; alors elle vous porte, vive et légère jusqu'à ce que le soleil de midi rende une halte nécessaire. La vérité nue, sans métaphore, c'est que l'esprit avance en toute clarté dans les tours et les détours d'une âme stagnante pourvu qu'une paire de jambes nerveuses le pousse, et, à cet exercice, la créature se fait agile. Si bien que je crois qu'en trois heures de marche j'ai pensé pour toute une semaine à la maison.

Et mon cœur, alerte et joyeux d'abord, qui gambadait comme l'enfant qui joue, a trouvé le calme et la réflexion au fil de la marche, tout en conservant le même contentement. J'ai pensé à des choses graves, la vieillesse, la pauvreté, la maladie et la mort, et je me suis dit que je les rencontrerais moi aussi ; j'ai pensé à toutes ces peines et ces joies qui traversent ma vie, l'une chassant l'autre. Des vétilles ne vont plus m'amuser ni me contrarier comme par le passé. Cette idée m'a rendue plus grave mais je me suis dit aussi que j'arrive à l'âge où les sentiments sont vrais, et, chemin faisant, il m'a semblé que l'on pouvait explorer ces sentiments, puisque aussi bien j'avais franchi de vastes espaces au fil des pages du manuscrit de Maître Richard.

Je les voyais comme des globes de cristal massif avec à l'intérieur une boule d'air et de terre colorée, dans laquelle besognaient des hommes et des femmes minuscules, comme sous la voûte du ciel.

Walshingham, nul ne l'ignore, n'est qu'un petit village perché sur une colline. Mais, lorsqu'on s'en approche par une plaine riche et verdoyante, on en voit les hauteurs de loin. Le soleil de midi faisait resplendir les bleus et les verts des marais, et l'on avait l'impression de traverser un doux pays luxuriant, avec l'éclat des enluminures, pour accéder à un sommet austère, où la lumière dardait sur quelque chose de dressé vers le ciel comme un os blanchi.

Enfin, j'ai atteint le sommet, où j'ai rejoint un flot de pèlerins ; nous avions les mains jointes pour montrer que nous venions, pauvres humains, en toute humilité, et nous avons fini la route ensemble en chantant le Miserere.

Il y avait là des hommes et des femmes, des boiteux et des aveugles. Les uns étaient en haillons, d'autres venaient à cheval ; j'avoue que je scrutais leur visage avec curiosité et que j'ai pensé un instant qu'il était terrible que la terre et la chair nous séparent, car ils auraient maints contes étranges et joyeux à nous faire.

A ce moment-là, la croix pâle et la statue ont frappé mon regard et attiré toute mon attention, avec la révérence qui leur est due.

Je ne veux pas nier que j'ai trouvé ce rappel à l'ordre rigoureux ; le soleil et l'orage rendaient la silhouette âpre et chenue ; mais, dans mon élan pour L'adorer comme les autres pèlerins, mon âme s'est emplie d'une image si grande, si blanche qu'il n'y avait plus de place pour aucune autre. Un moment, je me suis soumise à Notre-Dame comme je ne me suis jamais soumise à personne, homme ou femme, et je me suis meurtri les lèvres sur la pierre rugueuse de sa robe. Cependant, la lumière et la chaleur faisaient naître des vapeurs sur ma tête nue et, lorsque l'extase est passée, tout le pays en contrebas s'est éployé soudain, bannière déroulée.

7

Automne
Voici l'automne, mon mariage n'est plus très loin. Sire Amyas est un brave gentilhomme. Il me traite courtoisement et compte faire mon bonheur. Les poètes ne trouveraient pas de quoi rimer sur nos fiançailles et je dois avouer que, depuis que je me suis mise à lire des histoires de princesses, il m'est arrivé d'avoir du chagrin que mon lot soit si différent du leur. Mais il est vrai qu'elles ne vivaient pas dans le Norfolk au temps des guerres

civiles, et ma mère me dit que la vérité est plus belle que tous les contes.

Pour me préparer à ma vie de femme mariée, elle me fait l'aider à mener la maison et les terres, et je commence à comprendre que je passerai le plus clair de mon temps à m'occuper de tout autre chose que des hommes et du bonheur. Il y a les moutons, les bois, les récoltes, les gens; cela doit requérir toute mon attention, tout mon jugement lorsque mon seigneur sera absent, et il le sera souvent. Et, si les temps devaient être aussi troublés que naguère, il faudrait aussi que je sois son grand capitaine, pour disposer ses forces contre l'ennemi. Enfin, j'aurai ma vraie besogne de maîtresse de maison pour m'occuper chez moi. Au vrai, comme le dit ma mère, il me restera peu de temps à consacrer aux princes et aux princesses ! Elle a poursuivi son discours sur ce qu'elle appelle sa théorie de la propriété. Selon elle, de nos jours, l'on est comme gouverneur d'un îlot entouré d'eaux turbulentes; il faut cultiver cet îlot, le planter, y faire passer des routes, y installer des digues puissantes contre la marée. Un jour, peut-être, les eaux se calmeront et ce morceau de terre sera prêt à faire partie d'un monde nouveau. Tel est le rêve qu'elle nourrit pour l'avenir de l'Angleterre, et l'espoir de sa vie c'est d'avoir pu du moins mettre un peu d'ordre dans sa province de façon qu'on s'y avance toujours en terre ferme. Elle me dit que je dois espérer vivre assez longtemps pour voir l'Angleterre tout entière établie aussi solidement, et que si cela m'est donné je remercierai ma mère et les femmes qui lui ressemblent.

Mais je dois avouer qu'avec tout le respect et l'admiration que j'ai pour ma mère, c'est une sagesse que je ne saurais accepter sans un soupir. Elle ne me semble rien attendre d'autre que la dissipation des brumes qui ceignent la terre; la plus belle perspective à ses yeux, c'est une longue route qui parcoure le pays et sur laquelle elle voie défiler des cavaliers en toute quiétude, des pèlerins marchant le cœur léger, sans armes, des charrettes qui se croisent, partant chargées pour la côte ou bien revenant tout aussi chargées de marchandises qu'apportent les navires.

Elle rêve encore que certaines grandes maisons s'ouvrent sur l'extérieur, comblées leurs douves, abattues leurs tours de guet inutiles, leurs portes ouvertes à celui qui passe ; l'hôte et son serviteur seraient les bienvenus à la table du maître et l'on chevaucherait entre des champs regorgeant de blé, il y aurait des troupeaux de moutons et de vaches dans tous les pâturages et des maisons de pierre pour les pauvres. En écrivant ces choses, je vois qu'elles sont bonnes, et que nous serions bien inspirés de les désirer.

Mais en même temps, lorsque je vois cette image peinte sous mes yeux, je n'y trouve rien d'agréable et je me dis que, par ces chemins plans et clairs, j'aurais du mal à respirer.

Pourtant, ce que je voudrais je ne saurais le dire, quoique je le désire ardemment et que je l'attende en secret. Car de plus en plus souvent, le temps passant, je me prends à faire halte tout net comme si cette terre que je connais si bien avait un aspect étrange et nouveau. Je sens qu'il y a là quelque chose à comprendre, mais qui m'échappe sitôt entrevu. On dirait un sourire inconnu sur un visage familier ; cela fait peur, un peu ; pourtant, cela attire.

Dernières pages

Hier, mon père est entré et il m'a trouvée assise devant l'écritoire sur lequel je remplis ces feuillets. Il n'est pas peu fier de mon habileté à lire et à écrire, que d'ailleurs j'ai apprise de lui.

Mais, lorsqu'il m'a demandé ce que j'écrivais là, j'ai été prise de confusion ; j'ai balbutié que c'était un «journal» et j'ai mis la main sur les pages pour les cacher.

— Ah, si seulement mon père en avait tenu un ! s'est-il écrié. Pauvre homme, il ne savait pas signer son nom et là-bas à l'église il y a des John, des Pierce et des Stephen et pas un mot pour nous dire s'ils étaient bons ou méchants.» Comme il parlait, mes joues perdaient leur rougeur ; il a ajouté : «Et mon petit-fils dira la même chose de moi. Si je pouvais, j'aimerais bien écrire une ligne ou deux, moi. Je dirais : Je m'appelle Giles Martyn. Je suis de taille moyenne, j'ai la peau mate et les yeux noisette et je porte la moustache. Quand je m'en vais à Londres je monte la meilleure jument baie du comté. Bah, que dirais-je d'autre, et qu'est-ce donc qu'ils voudraient tant savoir ? Et eux, qui seront-ils ?

Il a ri car c'est dans sa manière de finir ses phrases en riant même s'il les a commencées sérieusement.

— Vous seriez curieux d'en savoir plus sur votre père, ai-je répondu, pourquoi vos descendants ne seraient-ils pas curieux de vous ?

— Mes aïeux étaient tout à fait comme moi. Ils ont vécu ici, labouré la terre même que je laboure, épousé des femmes du pays. Ma foi, ils pourraient passer la porte à l'instant que je les reconnaîtrais sans même trouver la chose étrange. Mais l'avenir... » Il a étendu les mains en signe d'incertitude. « Qui sait de quoi il est fait ? Peut-être serons-nous effacés de la surface de la terre, Joan.

— Oh non, je suis sûre que nous continuerons à vivre ici pour jamais !

Ce que j'ai dit faisait secrètement plaisir à mon père car il n'y a pas d'homme plus attaché à sa terre et à son nom, quoiqu'il soutienne toujours que si nous avions été plus fiers nous serions moins prospères aujourd'hui.

— Eh bien alors, Joan, a-t-il dit, il faut que tu conserves ce que tu as écrit. Ou plutôt, je m'en vais le garder moi-même. Car tu vas nous quitter, pas pour aller bien loin, certes, et le nom n'a guère d'importance, mais enfin j'aimerais bien avoir un souvenir de toi quand tu ne seras plus là. Et il y en aura au moins un parmi nous que ses descendants auront lieu de respecter. » Il a regardé ma calligraphie avec beaucoup d'admiration. « A présent, ma fille, viens donc avec moi à l'église, il faut que j'aille m'occuper de faire graver la pierre tombale de mon père.

Tout en l'accompagnant, j'ai pensé à ses paroles et aux nombreuses feuilles que j'ai remplies et serrées dans mon écritoire de chêne. L'hiver a eu le temps de revenir depuis que j'ai tracé mon premier jambage si fièrement, à l'idée que bien peu de femmes du Norfolk pourraient en faire autant. N'était cette fierté qui ne m'a pas tout à fait quittée, je crois que j'aurais cessé d'écrire il y a beau temps, car, au vrai, il n'y a rien dans mes jours pâles et bornés qui mérite d'être conté, et le récit s'en fait lassant. Dans ce froid piquant, je me suis dit que, si je me remettais à écrire, je ne parlerais pas du Norfolk ou de moi, mais de chevaliers et de dames, d'aventures en terre étrangère. Même les nuages qui viennent rouler de l'ouest pour barrer le ciel prennent la figure d'un capitaine et de ses soldats, et j'ai du mal à m'empêcher de dégager de ces vagues de brume colorée des heaumes et des épées, des hennins et de belles figures.

Mais, comme dirait ma mère, les meilleures histoires se content au coin du feu et je serai bien contente si je peux finir mes jours comme ces vieilles qui tiennent une maisonnée sous le charme les soirs d'hiver en racontant les faits et les spectacles singuliers de leur jeunesse. J'ai toujours pensé que ces histoires venaient pour une part des nuages, sinon pourquoi en serions-nous émus plus que de tout ce que nous voyons de nos yeux? Il est certain qu'aucun livre n'égale leurs merveilles.

Ainsi, Dame Elsbeth Aske, devenue trop vieille pour tricoter ou tirer l'aiguille, trop gourde pour quitter son fauteuil, restait tout le jour mains croisées au coin de l'âtre, mais il suffisait de la tirer par la manche et sa prunelle s'allumait. Elle racontait alors des histoires de rois et de combats, de gens de haut parage et de pauvres hères tant et si bien que l'air finissait par s'animer et murmurer. Elle chantait des ballades, aussi, qu'elle composait là au coin du feu. Hommes et femmes, jeunes et vieux, on venait de loin pour l'entendre. Pourtant, elle ne savait ni lire ni écrire, et avec cela il paraît qu'elle disait l'avenir...

C'est ainsi que nous sommes arrivés à l'église où sont enterrés mes ancêtres. Ralph de Norwich, le tailleur d'images fameux, vient de faire une pierre tombale pour mon grand-père, et elle est étendue au-dessus de lui, presque finie à présent. Quand nous sommes entrés dans l'église obscure, des cierges brillaient d'une flamme haute et claire. Nous nous sommes agenouillés et nous avons chuchoté des prières pour le repos de son âme. Puis mon père est allé parler à Sire John, me laissant à mon passe-temps favori, qui est de déchiffrer les noms de mes aïeux et de contempler leur physionomie. Enfant, je me souviens que ces silhouettes roides et blêmes me faisaient peur, surtout lorsque j'ai pu lire qu'elles portaient mon nom; mais, maintenant que je sais qu'elles ne peuvent quitter cette couche où elles demeurent les mains jointes, j'ai pitié d'elles et je voudrais bien trouver un geste qui leur fasse plaisir. Il faut que ce soit quelque chose de secret, que personne n'y ait pensé, un baiser, une caresse, comme on en fait aux vivants.

Mémoires de romancière

A la mort de Miss Willatt, en octobre 1884, certains eurent le sentiment que, pour reprendre la formule de sa biographe, « le monde avait le droit d'en savoir plus sur cette femme admirable, fût-elle éprise de discrétion ». Le choix des termes montre assez qu'elle ne l'aurait pas souhaité elle-même, à moins qu'on n'ait réussi à la convaincre que le monde s'en porterait mieux. Peut-être Miss Linsett y parvint-elle en effet avant sa mort, puisqu'elle a publié deux tomes de biographie et de correspondance avec l'approbation de la famille. Si l'on voulait tirer les enseignements de la phrase d'introduction, il y aurait matière à toute une page de questions intéressantes. Quel droit le monde a-t-il de connaître les hommes et les femmes ? Que peut lui dire le biographe ? Et, d'ailleurs, dans quel sens peut-on dire que le monde a tout à y gagner ? Si l'on ne juge pas opportun de poser ces questions, ce n'est pas seulement parce qu'elles prennent trop de place mais parce qu'elles débouchent sur un vague intellectuel qui est inconfortable. Nous pensons le monde comme une boule où l'on a mis du vert pour figurer les champs et les forêts, fait des fronces bleues pour les mers et des pincements pour les chaînes de montagne. Le débat sur l'effet produit par Miss Willatt ou toute autre personne sur cet objet-là a peu de chances d'être passionné. Commencer par le commencement et se demander pourquoi on écrit des vies, ce serait du temps perdu ; mais il n'est peut-être pas tout à fait oiseux de se demander pourquoi la vie de Miss Willatt a été écrite, et du même coup de savoir qui elle était.

Miss Linsett avait beau se draper dans de belles formules, des mobiles plus puissants l'animaient. Lorsque Miss Willatt mourut « après quatorze ans d'amitié sans faille », Miss Linsett (s'il nous est permis de spéculer) éprouva un sentiment de malaise. Il lui semblait que si elle ne parlait pas tout de suite quelque chose se perdrait ; en même temps, il ne fait aucun doute qu'elle se disait aussi qu'il est agréable d'écrire, que sur le papier les gens deviennent moins réels et plus importants, si bien qu'on sort grandi de les avoir connus et que le monde vous rend justice — mais son premier mouvement demeurait le plus vrai. En regardant par la vitre de la voiture qui la ramenait des obsèques, elle fut surprise puis choquée de voir que les gens passaient dans la rue, en sifflotant parfois, indifférents toujours. Ensuite, comme il se doit, elle reçut des lettres d'« amis communs » ; le rédacteur en chef d'un journal lui demanda un éloge en un millier de mots, si bien qu'elle finit par souffler à Mr William Willatt qu'il faudrait que quelqu'un racontât la vie de sa sœur. C'était un avocat, l'écriture n'était pas sa province, mais il ne voyait pas d'inconvénient à ce que d'autres s'en chargeassent tant qu'ils ne « passeraient pas les bornes ». Bref, Miss Linsett écrivit le livre qu'on peut encore trouver à Charing Cross Road[1], avec un peu de chance.

Selon toutes apparences, le monde n'a guère exercé jusqu'ici son droit de connaître Miss Willatt. Les volumes se sont retrouvés coincés entre *Les Beautés de la Nature*[2], de Sturm, et *Le Manuel du vétérinaire*, à l'étalage extérieur ; le gaz les fendille, la poussière les noircit, on peut les consulter aussi longtemps que le vendeur le permet. Presque inconsciemment, on se met à confondre Miss Willatt avec sa dépouille littéraire, non sans une pointe de condescendance pour ces volumes miteux. Il faut donc répéter qu'elle a bien été vivante, et il serait plus pertinent de se la représenter telle qu'elle était alors que de dire, pour vrai que ce soit, qu'elle est un peu ridicule aujourd'hui.

Mais qui était donc Miss Willatt ? Son nom ne dira pas grand-chose à la génération actuelle, quant à ses livres, ce serait par le plus grand des hasards qu'on en aurait lu un seul. Ils sont perchés dans les petites bibliothèques des stations balnéaires avec les romans en trois tomes qu'on écrivait autour de 1860; il faut une échelle pour les attraper et un chiffon pour les épousseter. Elle naquit en 1823, fille d'un avocat du Pays de Galles. La famille passait une partie de l'année près de Tenby, où le père avait son cabinet et où Miss Willatt fit ses « débuts dans le monde » à un bal donné à l'hôtel de ville par les vénérables de la loge maçonnique de Pembroke. Bien que Miss Linsett consacre trente-six pages à ces dix-sept ans, elle en dit peu de chose. Certes, on nous apprend que les Willatt descendaient d'un marchand du seizième siècle qui orthographiait son nom avec un V; que Frances Ann, la romancière, avait deux oncles dont l'un inventa une nouvelle technique pour laver les moutons et l'autre « laisse un souvenir ému à ses paroissiens. On dit que, jusqu'aux plus pauvres, ils portèrent un signe de deuil en mémoire du ''Bon Pasteur'' ». Mais ce ne sont là qu'astuces de biographe pour gagner du temps au fil de ces premières pages peu engageantes où le héros ne fait ni ne dit rien de « caractéristique ». Pour une raison ou pour une autre, on ne nous dit pas grand-chose de Mrs Willatt, fille de Mr Josiah Bond, drapier estimé, qui semble avoir acquis une « propriété » par la suite. Sa fille unique avait seize ans à sa mort. Il y avait deux fils, Frederic, qui mourut avant sa sœur, et William, l'avocat, qui lui survécut. Ces précisions n'ont aucune valeur esthétique et personne ne les retiendra, mais il n'est peut-être pas inutile de les donner car elles nous aident en somme à croire à la jeunesse autrement fantasmatique de notre héroïne. Lorsque Miss Linsett est obligée de parler d'elle et non plus de ses oncles, voici le résultat : « C'est ainsi qu'à l'âge de seize ans Frances Ann fut privée des soins d'une mère. Il est aisé d'imaginer que cette jeune fille esseulée — car même la compagnie d'un père et de deux frères affectueux ne saurait remplacer une mère [cette mère dont on ne nous a rien dit] — se réfugia dans la solitude, et errant par les landes et les dunes où les châteaux d'un autre âge tombent en ruine, etc. » Le témoignage de Mr Willatt est incontestablement plus révélateur : « Ma sœur était une jeune fille timide et empruntée, souvent "dans la lune". La plaisanterie familiale voulait qu'elle ait un jour confondu la porcherie avec la buanderie et ne se soit aperçue de sa méprise que lorsque Ronchon, la vieille truie noire, lui eut mangé son livre dans la main. Quant à son goût de l'étude, je dois dire qu'il fut marqué de tout temps... D'ailleurs, lorsqu'on voulait la punir pour quelque désobéissance, il suffisait de lui confisquer la chandelle à la lueur de laquelle elle avait coutume de lire au lit. Je revois encore, quand j'étais petit, la silhouette de ma sœur qui se penchait de son lit pour profiter du rai de lumière passant sous la porte de la chambre voisine où notre bonne d'enfant faisait de la couture. C'est ainsi qu'elle lut toute l'*Histoire de l'Église*[3] de Bright, son livre de chevet. J'ai bien peur que nous n'ayons pas toujours traité ses études avec respect [...] Elle ne passait pas pour une jolie fille bien qu'elle ait eu, à l'époque dont je parle, le bras presque parfait. » Pour ce qui est de cette dernière remarque, très importante, nous pouvons nous reporter au portrait qu'a fait d'elle un artiste du coin lorsqu'elle avait dix-sept ans. Point n'est besoin d'un œil aigu pour affirmer que ce visage ne pouvait guère avoir de succès à l'hôtel de ville de Pembroke en 1840. Le front est couronné d'une lourde tresse, que l'artiste a peinte brillante; les yeux sont grands mais légèrement à fleur de tête; les lèvres pleines sans être sensuelles. Le seul trait qui lui donnait confiance en elle quand elle se comparait à ses amies, c'était le nez. Peut-être avait-elle entendu dire qu'il était beau, que c'était un nez hardi pour une femme; toujours est-il que ses portraits sont tous des profils, à une seule exception près.

Il est aisé d'imaginer, comme dit si bien Miss Linsett, que cette jeune fille timide et empruntée, souvent « dans la lune », qui préférait l'histoire aux romans, ne s'amusa pas à son premier bal. Ce que son frère nous dit d'elle résume de toute évidence l'humeur dans laquelle elle rentra. Elle avait trouvé dans la grande salle de bal un coin où dissimuler à demi son importante personne et elle avait attendu qu'on l'invitât. Elle avait fixé les guirlandes qui entouraient les armes de la ville en essayant de s'imaginer assise sur un rocher, dans le bourdonnement des abeilles ; elle s'était dit qu'elle savait peut-être mieux que quiconque dans la salle ce que signifiait le Serment d'uniformité ; elle s'était dit que dans soixante ans, voire moins, ils iraient tous nourrir les vers ; elle s'était demandé si d'ici là chaque danseur n'aurait pas quelque raison de la respecter. Elle écrivit à Miss Ellen Buckle, destinataire de toutes ses premières lettres : « La déception se mêle à tous nos plaisirs, et c'est bien ainsi car, etc. » Pourtant, il est probable que, de tous ceux qui dansèrent à l'hôtel de ville et nourrissent aujourd'hui les vers, c'était Miss Willatt qui avait la conversation la plus intéressante, même si l'on n'avait pas envie de danser avec elle : son visage est lourd mais intelligent.

Cette impression est dans l'ensemble corroborée par ses lettres. « Il est dix heures, je suis montée me coucher mais je vais d'abord vous écrire. La journée a été lourde mais non sans enseignement, je crois... Ah, ma très chère amie, car en vérité vous m'êtes très chère, comment porter les secrets de mon âme et le poids de ce que le poète appelle ''ce monde inintelligible''[4] si vous n'étiez pas là pour les partager ? » Il faut passer un fatras de compliments poussiéreux pour pénétrer plus avant dans l'esprit de Miss Willatt. Jusqu'à dix-huit ans environ, elle ne s'était jamais rendu compte qu'elle entretenait des relations avec le monde. Avec la conscience de soi, vint le besoin de régler la question et avec lui une terrible dépression. En nous en tenant à ce qu'elle veut bien nous dire, il nous faut deviner comment elle forma sa conception de la nature humaine et du bien et du mal. L'Histoire lui donna une idée de l'orgueil, de la cupidité, de l'intolérance. Chez Walter Scott, elle découvrit l'amour. Ces idées la troublaient vaguement. Lorsque Miss Buckle lui prêta des ouvrages religieux, elle eut le soulagement d'apprendre comment échapper au monde tout en gagnant la joie éternelle. Il n'y aurait pas de plus grande sainte qu'elle pourvu qu'elle se demandât toujours, avant de parler ou d'agir : est-ce bien ? Le monde était alors fort hideux, car plus elle le trouvait laid, plus elle devenait vertueuse. « La mort était dans cette maison et la gueule de l'Enfer à sa porte », écrivit-elle étant passée un soir devant une salle tendue de rideaux cramoisis, où l'on entendait la voix de couples qui dansaient. Mais ce n'étaient pas toujours des sensations pénibles qui la portaient à écrire. Néanmoins son sérieux ne la protégeait qu'à demi ; il laissait s'installer d'innombrables tourments : « Suis-je la seule tache sur la face de la terre ? demandait-elle en mai 1841. Les oiseaux chantent joyeux à ma fenêtre, les insectes eux-mêmes se défont des impuretés de l'hiver. » Elle seule était lourde comme pain sans levain. En proie à un mal-être terrible, elle écrivait à Miss Buckle comme si elle voyait son ombre tremblante s'allonger sur le monde, sous le regard sévère des anges. Ombre bossue, tordue, bouffie de mal : il fallait toute leur force aux deux jeunes femmes pour la redresser. « Que ne donnerais-je pas pour vous aider ? », écrivait Miss Buckle. Ce que nous avons du mal à comprendre en les lisant, c'est leur but ; car il est clair qu'elles imaginaient un état où l'âme baignait dans la félicité et que, cet état atteint, l'on était parfait. Est-ce la beauté qu'elles recherchaient ? Puisque, à l'époque, la vertu était leur seul intérêt, il est possible que le plaisir esthétique déguisé ait eu sa part de leur religion. Les transes où elles s'abîmaient les soustrayaient du moins à leur environnement. Mais le seul plaisir qu'elles s'autorisaient était celui de la soumission.

Malheureusement, ici, nous nous trouvons devant un gouffre. Ellen Buckle était moins dégoûtée du monde que son amie, et plus capable de confier son fardeau à d'humaines épaules ; ce qui devait arriver arriva : elle épousa un ingénieur qui mit fin à ses états d'âme. A la même époque, Frances connut elle-même une expérience étrange, que Miss Linsett escamote de la façon la plus exaspérante qui soit dans le passage suivant : « Ceux qui ont lu le livre [*Le Crucifix de vie*] ne sauraient douter que le cœur qui a conçu la douleur d'Ethel Eden lors de sa déception sentimentale ait connu lui-même certaines de ces souffrances décrites avec tant de sentiment ; cela nous pouvons le dire, mais nous n'en dirons pas plus. » Si bien que la pruderie timorée et les mornes conventions littéraires de son amie nous privent de l'événement le plus intéressant de la vie de Miss Willatt.

Naturellement, l'on croit qu'elle a aimé, qu'elle a espéré et vu s'anéantir ses espoirs, mais, sur ce qui s'est passé et ce qu'elle a éprouvé, nous en sommes réduits à des conjectures. Les lettres qu'elle écrivait à l'époque sont mortellement ennuyeuses, mais cela en partie parce que le mot amour et les passages qu'il polluait se sont envolés en points de suspension. Plus de «Je ne suis pas digne», plus de «Si je pouvais me retirer du monde, quelle bénédiction!». La mort disparaît tout à fait et Miss Willatt semble aborder la deuxième phase de son parcours où, toutes théories absorbées où écartées, elle n'a plus cherché qu'à se préserver. La mort de son père sert à clore un chapitre, et son départ pour Londres, où elle tint la maison de ses frères à Bloomsbury, ouvre le suivant.

En ce point, nous ne pouvons plus ignorer ce à quoi nous avons fait allusion plusieurs fois. Il est clair qu'il nous faut abandonner Miss Linsett ou prendre les plus grandes libertés avec son texte. Entre des phrases comme «Une brève histoire de Bloomsbury aura peut-être sa place ici», l'évocation d'associations charitables et de leurs héros, un chapitre sur les visites royales dans les hôpitaux, l'éloge de Florence Nightingale en Crimée, il ne nous reste de Miss Willatt qu'une manière d'effigie de cire sous globe. Nous sommes sur le point de fermer le livre une bonne fois pour toutes lorsqu'une réflexion nous retient : l'affaire est après tout singulière de point en point. Il paraît incroyable que des êtres humains pensent vraiment des choses pareilles sur leurs semblables, et que, s'ils ne les pensent pas, ils prennent la peine de les dire. «Elle était estimée à juste titre pour sa bienveillance, sa droiture extrême qui ne lui attira jamais le reproche de manquer de cœur […] elle aimait les enfants, les animaux, le printemps, Wordsworth comptait parmi ses poètes favoris […] bien qu'elle ait vécu la mort de son père avec la sensibilité d'une fille qui l'adorait, jamais elle ne céda à une mélancolie stérile et par là-même égoïste […] les pauvres, pourrait-on dire, lui tinrent lieu d'enfants.» On aurait beau jeu d'épingler ces phrases pour les tourner en dérision, mais le ronron du livre dont elles constituent la trame fait que toute idée de satire passe au second plan; ce qui est affligeant, ce n'est pas tant l'absurdité de ces phrases que le fait que Miss Linsett y ait cru — du moins croyait-elle qu'il fallait admirer ces vertus et les prêter à ses amis, pour eux et pour soi; si bien qu'à lire sa biographie on quitte le plein jour du monde pour entrer dans une pièce confinée, tendue de peluche bordeaux et illustrée de textes. Il serait intéressant de découvrir ce qu'il y a derrière cette conception de la vie, mais il est déjà assez difficile de dépouiller Miss Willatt des oripeaux de son amie sans aller chercher où celle-ci les avait trouvés. Par bonheur, certains signes nous portent à croire que la romancière n'était pas ce qu'elle paraissait. Ces signes affleurent dans ses notes, ses lettres, et surtout dans ses portraits. Cette face large aux yeux maussades mais intelligents, ce front ouvert démentent toutes les platitudes de la page qu'ils illustrent. On la croit bien capable d'avoir trompé Miss Linsett.

A la mort de son père (elle ne l'avait jamais aimé), elle connut une énergie nouvelle et résolut de trouver un champ d'action aux capacités considérables qu'elle sentait en elle, sans quitter Londres. A l'époque, dans un quartier pauvre, la profession toute trouvée pour une femme était les bonnes œuvres. Miss Willatt s'y consacra tout d'abord avec une vigueur exemplaire; elle qui n'était pas mariée se posa en représentante du côté pratique de la communauté. D'autres femmes mettaient des enfants au monde : elle veillerait sur leur santé. Elle avait coutume de consigner ses progrès spirituels à la fin de son agenda, sur les pages blanches où l'on note son poids, sa taille et le numéro de sa montre; il lui faut souvent déplorer son instabilité qui cherche à l'égarer en lui demandant : « Où vas-tu ? » Peut-être n'était-elle donc pas si satisfaite de sa philanthropie que Miss Linsett voudrait nous le faire accroire. « Sais-je ce qu'est le bonheur ? », demande-t-elle avec une rare franchise en 1857 — à quoi elle répond après réflexion : « Non. » Ce portrait de femme saine et frugale, faisant le bien non sans lassitude mais avec une foi inébranlable, est donc tout à fait infidèle. C'était au contraire une instable et une insatisfaite, bien plus préoccupée de son bonheur que de celui des autres, et c'est ainsi qu'à l'âge de trente-six ans elle songea à la littérature et prit la plume non point tant pour transmettre un message que pour justifier les méandres de sa spiritualité. Il est clair que méandres il y avait, même si avec la distance nous hésitons sur leur nature. Elle découvrit en tout cas qu'elle n'avait pas la vocation de la philanthropie et s'en ouvrit au révérend R. S. Rogers au cours d'un entretien « douloureux et perturbant pour lui comme pour [elle] », le 14 février 1856. Mais, après cet aveu où elle reconnaissait qu'il lui manquait bien des vertus, il devenait nécessaire de prouver, de se prouver au moins, qu'elle en avait d'autres. Au fond, s'il suffit d'ouvrir les yeux pour se remplir l'esprit, peut-être qu'en faisant le vide on rencontre l'illumination. Nous devons sans doute bien des romans du temps à George Eliot et Charlotte Brontë, qui nous ont révélé qu'il ne faut pas aller chercher bien loin le secret de l'étoffe précieuse des livres : ce trésor est dans les salons et les cuisines où vivent les femmes, il s'accroît à chaque tic-tac de la pendule.

Miss Willatt fit sienne la théorie selon laquelle on peut écrire sans avoir appris ; mais elle jugeait indécent de décrire ce qu'elle avait vu, si bien qu'au lieu d'un portrait de ses frères (l'un des deux avait eu une vie peu commune) ou de souvenirs de son père (que nous serions heureux de posséder) elle inventa des amants arabes et les fit vivre sur les rives de l'Orénoque, dans une communauté idéale parce qu'elle aimait légiférer, avec décor tropical parce qu'on y obtient ses effets plus vite qu'en Angleterre. Elle s'entendait à remplir des pages entières de « montagnes qui semblaient remparts de nuages, n'eût été les profonds ravins bleus qui fendaient leurs flancs et les cascades qui bondissaient, éclats de diamant, tantôt dorées tantôt violettes selon qu'elles entraient dans l'ombre des pinèdes ou naissaient au soleil pour se perdre en une myriade de ruisseaux parmi les pâturages émaillés de fleurs de la vallée ». Mais, lorsqu'il lui fallait affronter ses amants et les paroles des femmes sous la tente, à la tombée du jour quand les chèvres rentrent pour la traite, et la sagesse de « l'Ancien qui a vu trop de naissances et trop de morts pour se réjouir des unes et s'affliger des autres », elle bégayait et rougissait de façon perceptible. Incapable de dire : « Je t'aime », elle voussoyait, comme si ce procédé lui assurait quelque distance. Sa retenue, toujours, l'empêchait de s'identifier à l'Arabe ou à sa promise, la réduisant à cette voix grandiloquente qui assure le lien entre les dialogues pour expliquer que sous les Tropiques nous sommes en proie aux mêmes tentations qu'en Angleterre, à l'ombre des ormes.

C'est pour ces raisons qu'on a du mal à venir a bout du livre aujourd'hui ; et aussi parce que Miss Willatt aurait eu scrupule à bien écrire : il y avait quelque chose de retors à choisir ses expressions ; mieux valait écrire sans détours, dire le fond de sa pensée comme l'enfant sur les genoux de sa mère, et compter qu'un message passerait en récompense de cette simplicité. Son livre connut pourtant une réédition ; un critique le compara aux romans de George Eliot, en lui accordant une supériorité de ton ; un autre proclama que, pour écrire des choses pareilles, il fallait être Miss Martineau ou le Diable en personne[5].

Si Miss Linsett était encore de ce monde (elle est morte en Australie, il y a quelques années), on aimerait lui demander selon quels critères elle a découpé son livre en chapitres. Ils semblent correspondre chaque fois que cela est possible à des changements d'adresse, ce qui nous confirme dans l'idée que Miss Linsett n'avait pas d'autre guide dans sa démarche. Le plus grand changement dans la vie de Miss Willatt intervint certainement après la publication de *Lindamara : fantaisie*. Sa mémorable « scène » avec Mr Rogers la laissa dans une telle agitation qu'elle fit deux fois le tour de Bedford Square, les larmes lui collant sa voilette au visage. Il lui semblait que ces grands discours sur la philanthropie n'étaient que des sottises et n'offraient aucune possibilité d'épanouissement à l'individu, comme elle disait. Elle envisagea d'émigrer pour fonder une société où elle se voyait — elle venait de faire le tour de Bedford Square pour la deuxième fois — toute chenue, lisant le livre de la Sagesse à un cercle de disciples industrieux qui ressemblaient beaucoup aux gens de son entourage mais l'appelaient leur mère spirituelle. On trouve dans *Lindamara* des allusions à ce chapitre de sa vie, et Mr Rogers y est désigné de manière voilée comme celui « que la sagesse n'habitait point ». Mais elle était indolente et sensible aux louanges ; il lui en vint, mais de gens sans valeur. Ce qu'elle a écrit de mieux — nous avons parcouru plusieurs de ses livres et sommes en mesure de soutenir cette théorie —, elle l'a écrit pour se justifier ; mais, une fois qu'elle y fut parvenue, elle se mêla de jouer les prophètes pour les autres. Elle élut domicile dans des régions mal définies, au péril de son organisme. Elle grossit, devint énorme, « symptôme de maladie », dit Miss Linsett qui adorait ce triste sujet, symptôme, pensons-nous, de petits thés dans son salon bien chaud, au papier peint moucheté, et de conversations intimes sur l'« Ame ». L'« Ame » devint sa province et elle abandonna les plaines du Grand Sud pour un pays étrange, tendu d'éternel crépuscule, où les qualités ne s'incarnent pas. Or, Miss Linsett se trouvait alors en proie à la plus grande affliction, « la mort d'un père adoré ayant anéanti tous [ses] espoirs terrestres ». Elle alla trouver Miss Willatt et la quitta tremblante et rouge d'émotion, mais bien persuadée qu'elle détenait la clef universelle. Miss Willatt était bien trop intelligente pour croire que quelqu'un pût détenir la moindre réponse, mais ces drôles de petites bonnes femmes tremblantes qui la regardaient avec des yeux d'épagneul prêt au bâton comme à la caresse suscitaient en elle un flot d'émotions qui n'étaient pas toutes blâmables. Ce que ces femmes voulaient, elle le voyait bien, c'était s'entendre dire qu'elles faisaient partie d'un tout, comme la mouche tombée dans le lait cherche la cuiller du salut. Elle savait aussi qu'il faut un moteur pour travailler ; elle avait la force de convaincre, et ce pouvoir que la maternité lui eût donné lui était cher, dût-il prendre des voies illégitimes. Elle avait encore un autre don, sans lequel le reste lui eût été inutile : elle savait se réfugier dans des envolées obscures. Elle indiquait aux gens la conduite à tenir, après quoi, dans un murmure d'abord puis des trémolos dans sa voix mourante, elle leur donnait des raisons mystiques. Elle ne pouvait les découvrir que le temps d'un coup d'œil au-delà de l'univers sensible, et au début elle essaya honnêtement de s'en tenir à ce qu'elle voyait. L'état de servitude où nous nous trouvons ici-bas, cibles de flèches pygmées, lui semblait presque toujours morne, et intolérable parfois. Un narcotique, vague et doux comme le chloroforme, qui brouillait la vision jusqu'à faire danser la vie quotidienne sous le regard, qui donnait un avant-goût d'autres perspectives, voilà ce qu'il leur fallait, et la nature l'avait ainsi faite qu'elle pouvait le leur dispenser. « Rude école que la vie, disait-elle, comment la supporter s'il n'y avait pas... », et elle se faisait lyrique pour parler des arbres et des fleurs, des poissons des océans, de l'harmonie éternelle, la tête légèrement renversée, les yeux mi-clos pour aiguiser la vision. « Nous avions souvent le sentiment d'avoir une sibylle parmi nous », écrit Miss Haig. Et si les sibylles sont à moitié inspirées, tout en étant conscientes de la folie de leurs disciples, qu'elles déplorent, si elles sont sensibles à leurs louanges et dans la confusion mentale elles-mêmes, alors Miss Willatt était bien une sibylle. Mais ce qui frappe le plus dans ce tableau, c'est la condition spirituelle navrante qui était celle de Bloomsbury au temps où Miss Willatt méditait dans Woburn Square comme une araignée repue au centre de sa toile, avec tout le long de ses filaments des femmes malheureuses accourant, frêles silhouettes de volatiles qu'effarouchent le soleil, les charrettes et le grand méchant monde et qui ne songent qu'à se cacher dans l'ombre des jupes de Miss Willatt. Les Andrew, les Spalding, le jeune Mr Charles Jenkinson « qui nous a quittés depuis », la vieille Lady Battersby qui souffrait de la goutte, Miss Cecily Haig, Ebenezer Umphelby, autorité internationale en matière de scarabées — tous ces gens qui passaient prendre le thé et restaient dîner le dimanche, et faire la conversation après, tous reviennent à la vie pour exaspérer notre curiosité : à quoi ressemblaient-ils ? Que faisaient-ils ? Qu'attendaient-ils de Miss Willatt ? Que pensaient-ils d'elles en privé ? — Nous n'en saurons jamais rien, nous n'en aurons plus de nouvelles, roulés qu'ils sont à tout jamais dans le linceul de la terre.

D'ailleurs, il reste tout juste assez de place pour donner la substance du chapitre final que Miss Linsett a intitulé « L'épanouissement », et qui est bien l'un des plus curieux. La mort était pour Miss Linsett un sujet de délectation morose; elle roucoule et se pavane en sa présence, elle a du mal à faire une fin. Il est plus facile d'écrire sur la mort, qui est commune, que sur une vie en particulier. Il y a des généralités que l'on n'est pas fâché d'énoncer de temps en temps à titre personnel; les au revoir adoucissent les mœurs et dispensent des sensations agréables; en outre, Miss Linsett éprouvait une défiance naturelle à l'égard de cette vie turbulente et triviale qui n'avait pas été tendre pour elle, si bien qu'elle ne ratait jamais une occasion de prouver que les hommes sont mortels, comme on remet à sa place un écolier mal élevé. Si l'on voulait, on pourrait donner plus de détails sur les derniers mois de la vie de Miss Willatt que sur tous les autres. Nous savons précisément de quoi elle est morte. Le récit ralentit, adopte un train de corbillard; chaque mot porte sa jouissance. Mais, en fait, l'affaire se ramène à peu près à ceci : Miss Willatt souffrait de troubles intestinaux depuis des années, quoiqu'elle n'en parlât qu'aux intimes. Puis à l'automne 1884 elle prit froid. « Ce fut le commencement de la fin et dès lors nous n'eûmes plus guère d'espoir. » On lui dit un jour qu'elle allait mourir, mais elle semblait « tout absorbée dans la confection d'un tapis pour son neveu ». Quand elle ne quitta plus son lit, elle ne chercha à voir personne d'autre qu'Eliza Grice, la vieille domestique à son service depuis trente ans. Enfin, la nuit du 18 octobre, « une orageuse nuit d'automne, pleine de nuages et de rafales de pluie », Miss Linsett fut appelée pour les adieux. Miss Willatt reposait sur le dos, les yeux fermés; sa tête, que l'obscurité cachait à demi, était « une fort belle tête ». Miss Willatt reposa toute la nuit sans parler, sans se tourner, sans ouvrir les yeux. A un moment, elle leva la main gauche, « à laquelle elle portait l'alliance de sa mère », et la laissa retomber; on attendit qu'elle fît autre chose, mais, ne sachant pas ce qu'elle voulait, on ne fit rien; une heure et demie plus tard, le couvre-lit ne se souleva plus et chacun quitta son coin et s'approcha en voyant qu'elle était morte.

Après lecture de cette scène sur fond de détails oiseux avec des envolées saugrenues amenant le dernier accord — elle changea de couleur, on lui frotta le front à l'eau de Cologne, Mr Sully passa et repartit, la vigne vierge battait la fenêtre, la pièce pâlissait dans l'aurore naissante, les moineaux gazouillèrent, les charrettes en route pour le marché traversèrent la place à grand fracas —, après lecture de cette scène, on voit que Miss Linsett aimait la mort parce qu'elle lui procurait une émotion, lui faisait éprouver des sentiments qui, dans l'instant, pouvaient passer pour authentiques. Sur le moment, elle aima Miss Willatt; immédiatement après, sa mort la rendit presque heureuse car c'était une fin que le risque d'un recommencement ne venait pas gâter. Mais ensuite, quand elle rentra chez elle prendre son petit déjeuner, elle se sentit seule car elles avaient l'habitude d'aller à Kew Gardens ensemble, le dimanche.

La soirée

Ah, mais, un moment ! La lune est levée, le ciel ouvert, et là, courbe contre le ciel avec ses arbres, voici la terre ; le flot des nuages d'argent roule haut sur les vagues atlantiques. Un souffle de brise au coin de la rue soulève mon manteau, le maintient délicatement en suspension puis le laisse retomber avec mollesse, comme la mer s'enfle et déborde sur les rochers pour refluer encore.

La rue est presque vide, stores tirés aux fenêtres ; les carreaux jaunes et rouges des transatlantiques jettent une tache fugace sur l'océan de bleu. Doux, l'air de la nuit. Les bonnes flânent autour de la boîte aux lettres ou musardent à l'ombre du mur où l'arbre fait pleurer sa sombre averse de fleurs : ainsi sur l'écorce du pommier viennent palpiter les phalènes, aspirant le sucre par leurs longues trompes noires. Où sommes-nous ? La maison de nos hôtes, laquelle est-ce ? Celles-ci, avec leurs fenêtres jaunes et roses, ne sont guère communicatives. Ah ! en tournant le coin, là au milieu, la porte est ouverte... attendez un instant. Regardons les invités, un, deux, trois, ils se précipitent dans la lumière comme les phalènes battent de leurs ailes le carreau d'une lanterne dressée dans la forêt. Un cab se dirige vers la maison à vive allure. Une dame pâle et volumineuse en descend avec majesté et passe dans la maison ; un monsieur en habit, noir et blanc, paie le chauffeur et la suit comme s'il était pressé lui aussi. Venez, nous allons être en retard.

Sur toutes les chaises, un monticule mou ; de pâles mèches de mousseline bouclent sur des soies éclatantes ; la flamme des chandelles, en forme de poire, encadre le miroir ovale; il y a des brosses d'écaille fine; des flacons de cristal taillé, à bouchon d'argent. A-t-il toujours cet aspect-là, mon visage? N'en est-ce pas l'essence, l'esprit? Quelque chose l'a dissous. Dans la brume argentée des chandelles, il apparaît à peine. Les gens passent sans me voir. Eux ont des visages, et les étoiles semblent briller à travers leur chair rose, translucide. La pièce est pleine de silhouettes vivaces et immatérielles pourtant; elles se dressent contre des rayonnages striés de petits volumes innombrables; leurs têtes, leurs épaules gomment l'angle des cadres dorés, la masse de leurs corps, lisse comme la pierre des statues, s'oppose à quelque chose de gris, de tumultueux, et qui brille comme par le reflet de l'eau sous les fenêtres sans rideaux.

— Venez donc, allons bavarder dans ce coin.

— Merveilleux! Les humains sont merveilleux! Spirituels, merveilleux!

— Mais ils n'existent pas. Vous ne voyez pas cette mare dans la tête du professeur? Et ce cygne à la nage dans la jupe de Mary?

— Je me les représente émaillés de petites roses en feu.

— Ces petites roses en feu sont comme les lucioles que nous avons vues ensemble à Florence, diffuses dans la glycine, atomes de feu en suspension, qui brûlent sans penser.

— Qui brûlent sans penser. Comme tous les livres derrière nous; Voici Shelley, voici Blake. En les lançant en l'air, on verrait leurs poèmes descendre comme des parachutes d'or, clignoter, tournoyer, laisser échapper leur pluie de fleurs étoilées.

— Faut-il vous citer Shelley : ''Va-t'en! La lande est sombre sous la lune[1]''?

— Ah, mais non! Vous n'allez pas condenser la légèreté de notre atmosphère en une pluie à éclabousser les trottoirs! Continuons à respirer la poussière du feu.

— Lucioles dans la glycine.

— Sans cœur, je vous l'accorde. Mais voyez ces grands rameaux fleuris devant nous, vastes lustres or et violet mat, suspensions des cieux. Ne sentez-vous pas cette fine dorure couvrir nos cuisses dès que nous pénétrons, et les murs ardoise battre, humides, au fur et à mesure que nous plongeons dans les pétales, ou se tendre comme une peau de tambour?

— Le professeur est dangereusement proche.
— Dites-nous donc, professeur...
— Madame?
— A votre avis, faut-il respecter la syntaxe, et la ponctuation? La question des virgules chez Shelley m'intéresse profondément.
— Prenons donc un siège. Pour ne rien vous cacher, ces fenêtres ouvertes après le coucher du soleil... ces courants d'air dans le dos... malgré les plaisirs de la conversation... Vous parliez des virgules chez Shelley. La question est d'importance. A votre droite, vous avez l'édition d'Oxford. Mes lunettes! C'est la rançon de l'habit! Je n'ose pas lire... surtout les virgules... Cette typographie moderne est exécrable, toute à l'image de l'exiguïté moderne; car, je l'avoue, je ne trouve guère à admirer chez les modernes.
— Sur ce point, je vous suis tout à fait.
— Vraiment? J'aurais craint le contraire. A votre âge... dans cette... tenue.
— Monsieur, je ne trouve guère à admirer chez les anciens. Ces classiques, Shelley, Keats, Browne, Gibbon... Y trouveriez-vous une page à citer *in extenso*, un paragraphe parfait, une phrase même qui ne gagnerait pas à être retouchée par la plume de Dieu ou par celle de l'homme?
— Tss,tss, madame. La critique pèse son poids mais elle est trop échevelée. Puis enfin, votre liste... en quelle salle de l'esprit appariez-vous donc Shelley et Gibbon? Je ne vois guère que leur athéisme — Mais venons-en au fait. Le paragraphe parfait, la formule parfaite; euh... ma mémoire... et puis ces lunettes que j'ai oubliées sur la cheminée; ah mais oui, bien sûr! Mais c'est que votre censure s'applique à la vie même.
— Cette soirée, à coup sûr...
— La plume de l'homme n'aurait pas grand mal à la réécrire, je le crois bien. Cette fenêtre ouverte, ces vents coulis, et puis, entre nous, la conversation de ces dames, si sincères, si bien inten-

tionnées, leurs idées exaltées sur le destin du nègre qui peine sous le fouet pour fournir du caoutchouc à certains de nos amis qui n'en conversent pas moins agréablement en ce moment... Pour parvenir à votre perfection...

— Je vous entends : il faut exclure.

— Mais presque tout!

— Enfin, pour en débattre comme il convient, il faut aller à la racine des choses; car j'ai le sentiment que votre opinion est comme ces pensées tôt fanées que l'on plante un soir de fête pour les retrouver flétries au matin. Vous soutenez cette position en excluant Shakespeare?

— Madame, je ne soutiens rien du tout. Ces dames m'ont mis de méchante humeur.

— Elles sont pleines de bonnes intentions. Elles ont établi leur camp sur les rives d'un petit affluent; elles y cueillent des roseaux et elles les trempent dans du poison et puis de temps en temps elles arborent leurs chevelures de sauvages et leurs peintures de guerre et elles viennent planter leurs flèches dans les flancs du confort moral : l'enfer est pavé de bonnes intentions.

— Leurs dards picotent, et j'ai bien assez de mes rhumatismes...

— Le professeur est déjà parti? Le pauvre homme!

— Mais, à son âge, comment posséderait-il encore ce que nous perdons déjà au nôtre? J'entends...

— Oui?

— Dans la petite enfance, vous vous en souvenez? En jouant, en parlant, on traversait la flaque, on arrivait à la fenêtre du palier et là, tout d'un coup, l'univers se changeait en une boule de cristal massif que l'on pouvait tenir un instant entre ses mains — oui, j'y crois, c'est mystique, tout le passé et l'avenir, et les larmes et les cendres des générations, tout faisait boule et alors nous étions absolus, entiers, rien n'était exclu. C'était la certitude... le bonheur. Mais plus tard ces globes de cristal se dissolvent entre les doigts : quelqu'un parle des nègres. Voilà ce qu'il advient lorsqu'on essaie d'exprimer son sentiment. Cela n'a pas de sens commun.

— Précisément! Quelle tristesse que le sens commun! Quelle immense renonciation! Écoutez un instant! Prenez une voix au hasard : «Vous devez grelotter ici après les Indes, et sept ans, encore! Enfin, on s'habitue à tout!» Voilà le sens commun, ce sur quoi on s'accorde. Ils ont fixé les yeux sur quelque chose que chacun peut voir. Ils n'essaient même plus d'observer la petite étincelle, la petite ombre violette à l'horizon, qui est peut-être une terre féconde, peut-être un reflet fugitif sur l'eau. Tout est compromis et sécurité dans le commerce des humains. C'est pourquoi nous ne découvrons rien; nous cessons d'explorer; nous cessons de croire qu'il y ait quelque chose à explorer. «Pas de sens commun», dites-vous, en entendant par là que je ne verrai pas votre boule de cristal, et moi j'ai presque honte d'essayer.

— Le langage est une vieille nasse trouée : on la lance mais les poissons passent au travers; peut-être le silence vaut-il mieux. Essayons, venez à la fenêtre.

— Le silence est un curieux phénomène. L'esprit devint comme une nuit sans étoiles et puis un météore déboule, splendide, dans le noir et s'éteint. Nous ne rendons jamais assez grâce pour ce divertissement.

— Ah, nous sommes gent ingrate! Quand je regarde ma main sur le rebord de la fenêtre, quand je pense à tout le plaisir qu'elle m'a donné, elle qui a touché la soie, la poterie, les murs chauds, qui s'est appuyée sur l'herbe humide ou recuite au soleil, qui a fait gicler l'Atlantique entre ses doigts, cassé la tige des campanules et des jonquilles, cueilli des prunes mûres, elle qui n'a cessé de me dire depuis que je suis née le chaud et le froid, le sec et l'humide, je m'étonne de pouvoir encore utiliser ce merveilleux système de chair et de nerfs pour prendre la plume contre la vie. Pourtant, que faisons-nous d'autre? La littérature est le registre de nos griefs.

— L'insigne de notre supériorité. Ce par quoi nous entendons être élus. Car, convenez-en, votre préférence va aux insatisfaits.

— J'aime le bruit mélancolique de la mer, au loin.

— Mais qui parle de mélancolie à ma soirée? Ah, bien sûr, si vous restez dans votre coin à faire des messes basses... Venez, je vais vous présenter Mr Nevill, qui aime beaucoup ce que vous écrivez.

— Eh bien... bonsoir, alors.

— Quelque part, j'ai oublié où, j'ai lu quelque chose de vous... je ne me rappelle plus le titre de l'article — ou de la nouvelle, peut-être ? Vous écrivez des nouvelles, pas de la poésie, non ? On a tant d'amis qui... et puis il sort quelque chose tous les jours et... et...

— On ne le lit pas.

— Ma foi, cela peut paraître discourtois, mais, pour être honnête, mes journées ont leur part de corvées, de sorte que le temps qui me reste pour lire, je le consacre...

— Aux morts.

— Je perçois une ironie dans votre réplique.

— De l'envie, pas de l'ironie. La mort est d'une importance capitale. Les morts, comme les Français, écrivent si bien qu'en somme on peut les respecter et sentir que même si nous sommes leurs égaux ils sont tout de même plus sages que nous, ils sont nos aînés, comme nos parents. Les relations entre les vivants et les morts sont assurément parmi les plus nobles.

— Ah, si c'est votre sentiment, parlons des morts. Lamb, Sophocle, de Quincey, Sir Thomas Browne.

— Walter Scott, Milton, Marlowe.

— Pater, Tennyson.

— Allons, allons...

— Tennyson, Pater.

— Fermez la porte à clef et tirez les rideaux, que je ne voie que vos yeux. Je tombe à genoux. Je me couvre le visage de mes mains. J'adore Pater, j'admire Tennyson.

— Poursuivez, mon enfant.

— Confesser ses fautes est facile, mais quel crépuscule est assez sombre pour cacher ses vertus ? J'aime, j'adore — les mots me manquent pour vous dire combien mon âme est toute amour pour... ce nom tremble sur mes lèvres... Shakespeare.

— Je vous donne l'absolution.

— Et pourtant, on lit si rarement Shakespeare.

— Il est si rare qu'une nuit d'été soit parfaite, lune levée, les espaces interstellaires profonds comme l'Atlantique, si rare que les roses ressortent si blanches dans le crépuscule. Pour lire Shakespeare, il faut se mettre...

— La nuit d'été, voilà comment il faut le lire.
— La rose au vent.
— Les vagues qui se brisent.
— Sur les champs passent d'étranges courants d'aube qui tentent de forcer les portes et tombent aussitôt.
— Puis, lorsqu'on se couche, le lit...
— Un bateau! Un bateau! Sur la mer, toute la nuit.
— Lorsqu'on se dresse sur son lit, les étoiles...
— Là-bas, au milieu de l'océan, notre petit bateau flotte en solitaire, porté par le flot, entraîné par la compulsion des lumières du nord, en sûreté, bien entouré, il se fond là où la nuit s'appuie sur l'eau, et puis il diminue jusqu'à disparaître et nous, submergés, scellés, froids comme pierres lisses, nous rouvrons grands nos yeux. Tiret, barre, point de suspension, plouf, bruit du rideau sur la tringle — je travaille pour vivre —, présentez-moi! Oh, il a connu mon frère à Oxford!

— Et vous aussi. Venez donc vers le milieu de la pièce. Voici quelqu'un qui se souvient de vous.
— Enfant, ma chère, en robe rose.
— Le chien m'avait mordue.
— C'est tellement dangereux de jeter des bâtons dans l'eau. Mais votre mère...
— Sur la plage, à côté de la tente.
— ... restait là à sourire. Elle aimait les chiens — Vous connaissez ma fille? Je vous présente son mari. Il s'appelait Fidèle, ce grand marron, non? Il y en avait un plus petit, qui avait mordu le facteur. Je le revois très bien, à présent. Les choses qui vous restent...! Mais je vous empêche...

— Oh, je vous en prie (Oui, oui, ai-je écrit, j'arrive.) Je vous en supplie! Maudite Helen, avec sa manie d'interrompre les gens. Elle s'en va; c'est fini. Plus jamais! Elle fend la foule des invités, elle agrafe son châle, elle descend les marches : la voilà partie. Ah, le passé, le passé !

— Mais, dites, écoutez ; j'ai peur ; tant d'inconnus ; avec leur barbe ; si beaux ; elle a touché la pivoine ; tous les pétales tombent. Et féroces — cette femme a des yeux ! Les Arméniens meurent. Et les travaux forcés. Pourquoi ? Quel bavardage, aussi. Sauf maintenant — parlons bas —, il faut parler tout bas, tous. Est-ce que nous écoutons, est-ce que nous attendons ? Et quoi donc ? La lanterne a pris feu ! Oh, prenez garde à vos mousselines. On a vu une femme en mourir. Il paraît que ça a réveillé le cygne.

— Helen a peur ; ces lanternes de papier qui prennent feu et les fenêtres ouvertes qui laissent la brise soulever nos volants. Mais moi je n'ai pas peur de la flamme, vous savez. C'est le jardin — le monde, je veux dire — qui me fait peur. Ces petites lumières tout là-bas, chacune avec son cercle terrestre au-dessous ; les collines, les villes, et puis les ombres ; le lilas frémit ; ne restez pas là à parler. Partons, par le jardin ; votre main dans la mienne.

— Fuyons ! La lune est noire sur la lande. Partons à l'assaut de ces vagues d'obscurité, couronnées par les arbres, qui se soulèvent à jamais, solitaires et noires. Les lumières montent et chutent. L'eau est légère comme de l'air ; la lune luit derrière. Sombrer ? rouler ? voir les îles ? Seul avec moi.

Sympathie[1]

Humphry Hammond, ce 29 avril, le Manoir, High Wickam, Bucks — le mari de Celia ! C'est sûrement le mari de Celia. Mort ! Grand Dieu ! Humphry Hammond, mort ! Moi qui voulais les avoir à dîner — j'ai oublié. Pourquoi ne suis-je pas allée chez eux le jour où ils m'avaient invitée ? Il y avait un concert, du Mozart au programme — voilà pourquoi je me suis décommandée. Il n'a dit que quelques mots le soir où ils sont venus dîner. Il était assis en face de moi, dans le fauteuil jaune ; il a dit que ce qu'il aimait, lui, c'était les meubles. Qu'est-ce qu'il voulait dire ? Pourquoi est-ce que je ne l'ai pas poussé à s'expliquer ? Pourquoi l'ai-je laissé partir sans avoir dit ce qu'il aurait pu dire ? Pourquoi s'est-il tu si longtemps dans son fauteuil en nous laissant parler d'omnibus à moteur dans le hall ? Comme il m'est facile de le voir à présent et d'imaginer que c'est la timidité ou le sentiment de ne pas savoir s'exprimer qui l'a retenu après avoir dit qu'il aimait « les meubles ». Je ne comprendrai jamais à présent ; à présent, ces joues roses sont pâles, clos ces yeux de jeune homme, avec leur air de résolution et de défi, pleins de défi encore sous leurs paupières. Mâle, ferme, rigide, il gît sur son lit, son lit que je vois blanc et abrupt : fenêtres ouvertes, chants d'oiseaux, pas de concessions à la mort, pas de larmes, pas de sentiments, un bouquet de lis épars sur le revers du drap, peut-être, mis par sa mère ou par Celia...

Celia, oui, je la vois... et je ne la vois pas. Il y a un instant que je n'imagine pas ; celui que nous laissons toujours de côté dans la vie des autres ; celui dont procède tout ce que nous savons d'eux. Je la suis jusqu'à sa porte à lui ; je la vois tourner la poignée, puis vient l'angle mort et, lorsqu'elle rentre dans mon champ visuel, la voilà parée pour affronter le monde : veuve. Ou peut-être, aux petites heures du matin, en voile blanc de la tête aux pieds comme si la lumière se faillait sur son front. Les signes extérieurs, je les vois, les verrai toujours ; mais, le sens, je ne ferai que le deviner. Avec envie, je noterai ses silences, ses sévérités ; je l'observerai parmi nous, gardant son secret. Je l'imaginerai impatiente de la nuit, solitaire voyage ; je me la figurerai accostant parmi nous pour commencer sa journée, tolérant, dédaignant nos amusements. Au cœur des clameurs, je penserai qu'elle entend quelque chose de plus ; que le vide a pour elle son fantôme. Tout cela, je le lui envierai. Je lui envierai la sécurité, la connaissance. Mais, au fur et à mesure que le soleil s'élève, le voile blanc se dissipe sur son front et elle va à la fenêtre. Les voitures roulent avec fracas et les hommes qui les conduisent, tout debout, sifflent, chantent et s'interpellent bruyamment.

Maintenant, je la vois plus distinctement. Ses joues ont repris leur couleur mais leur éclat a disparu ; cette pellicule qui lui faisait le regard vague et doux s'est effacée de ses yeux ; la rumeur de la vie lui est rude et, devant la fenêtre ouverte, elle se contracte et se rétracte. Là je la suis, je ne l'envie plus. Ne refuse-t-elle pas la main que je lui tends ? Nous sommes tous voleurs, cruels, gouttes dans le courant qui coule à ses pieds, indifférent. Je puis bien m'élancer vers elle, le courant m'entraînera au fil de l'eau vive. La pitié qui me commande de lui tendre ma main à mordre devient ou deviendra élan de compassion qui, dans sa générosité, lui semblera dédaigneux. Aussitôt, elle crie à la voisine qui secoue son tapis : « Il fait beau, ce matin ! » La femme sursaute, la regarde, acquiesce et rentre précipitamment. Elle reste là à fixer les rameaux de fleurs sur le mur rouillé, tête appuyée dans sa main. Les larmes s'échappent mais elle se frotte les yeux. Elle a... vingt-quatre ans ? Vingt-cinq, tout au plus. Que lui proposer ? Une journée à courir les collines ? En route ! Nos bottes martèlent la grand-route en cadence, nous sautons la barrière, nous entrons dans le champ, nous voici dans le bois. Là, elle se jette sur les anémones et les cueille «pour Humphry»; elle cesse aussitôt, «Elles seront plus fraîches ce soir», dit-elle. Nous nous asseyons pour regarder le triangle vert-jaune du champ en contrebas, que découpe, irrégulier, l'arceau de ronces au premier plan. «En quoi croyez-vous?», a-t-elle soudain demandé (c'est mon imagination qui parle) en mâchonnant une tige de fleur. «En rien, en rien,» dis-je, amenée contre mon gré à parler avec brusquerie. Elle fronce les sourcils, envoie promener sa fleur et bondit vers une basse branche pour regarder un nid de grives blotti au creux de l'arbre.

«Cinq œufs!», s'écrie-t-elle. Et, brusque une fois de plus, je lui lance : «Est-ce drôle!»

Imaginations, tout cela. Je ne suis pas dans la chambre avec elle, ni dans le bois. Je suis ici à Londres, à ma fenêtre, le *Times* à la main. Mais comme la mort a tout changé — ainsi, lors d'une éclipse de soleil, les couleurs disparaissent, les arbres semblent découpés dans du papier, livides, tandis que passe l'ombre. La fraîcheur de la brise et le grondement de la circulation parviennent par-delà le gouffre; puis en un instant les distances sont abolies, les sons se fondent; sous mes yeux, les arbres encore pâles se font sentinelle et gardien; le ciel déploie ses couleurs tendres, lointain, comme transporté au sommet d'une montagne à l'aube. C'est l'œuvre de la mort; la mort est là derrière les feuilles, les maisons, la fumée indécise; elle en fait un tableau immobile dans sa tranquillité avant que la vie ne vienne avec ses faux-semblants. Ainsi, d'un express, j'ai regardé les collines et les champs et j'ai vu l'homme à la faux regarder par-dessus la haie sur notre passage, et les amants étendus dans l'herbe haute m'ont rendu un long regard sans faux-semblant. Un fardeau a glissé, une entrave est tombée. Libres dans l'air léger, mes amis traversent, silhouettes, l'horizon, et tous ils ne désirent que le bien; tous ils me laissent là, tendrement, et quittent la rive du monde pour monter à bord du navire qui les attend et les emportera dans la tempête ou la sérénité. Je les perds des yeux. Mais, avec des baisers d'adieu et des rires plus doux qu'autrefois, ils me laissent pour compte et mettent à la voile sans retour ; ils s'avancent en bon ordre jusqu'au bord de l'eau comme s'ils n'avaient jamais connu d'autre destination. A présent, nos voies apparaissent nettement depuis leur origine : après bifurcations et détours, elles convergent ici sous le sycomore solennel, où le ciel est si tendre, où les roues et les cris se font entendre tantôt fort, tantôt tout bas, à l'unisson.

Le jeune homme simple que je connaissais à peine cachait donc en lui l'immense pouvoir de la mort. Il a levé les frontières, uni les entités distinctes de la discontinuité — là, dans la chambre où parvient le chant de l'oiseau. Il s'est retiré sans mot dire et, alors que sa voix n'était rien, son silence est profond. Il a étendu sa vie comme un manteau à fouler ; où nous mène-t-il ? Nous arrivons au bord et nous nous penchons pour voir. Mais il est à perte de vue, il se fond dans le ciel lointain ; pour nous, le vert tendre des feuilles, le bleu du ciel demeurent ; mais lui, tout transparent que soit le monde, il n'en veut pas ; il s'est détourné de notre groupe à l'extrême limite de la pointe ; il disparaît, faille de l'aurore, il n'est plus. Il nous faut rentrer.

Le sycomore frémit et arrose de paillettes de lumière le lac d'air où il se dresse ; le soleil darde droit sur l'herbe entre les feuilles ; les géraniums luisent rouges dans la terre. Un cri fuse à ma gauche, un autre, abrupt et disparate, à ma droite. Des roues tirent à hue et à dia ; des omnibus s'agglutinent, adverses ; la pendule affirme en douze coups distincts qu'il est midi.

Me faut-il donc rentrer ? Voir l'horizon borné, les montagnes englouties, le retour des couleurs crues violentes ? Non, non, Humphry Hammond est mort. Il est mort. Les draps blancs, le parfum des fleurs — l'abeille qui entre dans la pièce et ressort, en bourdonnant. Et après, où va-t-elle ? Il y en a une sur la campanule ; mais elle n'y trouve pas de miel, alors elle tente le papier peint à fleurs jaunes ; mais, dans ces vieux jardins de Londres, quel espoir de faire son miel ? La terre doit être aussi sèche que les grains de sel sur l'acier des conduites et les voûtes des tunnels — mais Humphry Hammond ! Mort ! Je veux relire le nom dans le journal ; je veux retourner à mes amis ; je ne veux pas les abandonner si tôt ; il est mort il y a trois jours, subitement : deux jours malade et puis fini. La grande opération de la mort. Fini ; sous terre déjà, peut-être ; et la vie a repris son cours, un peu différemment, quoique certains, qui ne savent pas encore, continuent à lui écrire — mais déjà les enveloppes ont un air périmé sur la table de l'entrée. Il me semble que cela fait des semaines, des années qu'il est mort ; quand je pense à lui, j'ai du mal à me rappeler quelque chose, et ce propos sur les meubles ne veut plus rien dire. Et pourtant il est mort ; il ne pouvait pas faire plus, et à présent cela ne me fait presque plus rien. C'est terrible, terrible, d'être aussi indifférent ! Voici le fauteuil jaune dans lequel il s'est assis ; il ne paie pas de mine mais il est encore solide et il nous survivra, à tous ; objets de verre et d'argent sur la cheminée, mais lui est éphémère comme la lumière poussiéreuse qui strie le mur et le tapis. Ainsi brillera le soleil sur le verre et sur l'argent, le jour de ma mort. Le soleil strie des millions d'années à venir, large route jaune ; il passe à une distance infinie de cette maison, de cette ville, il passe si loin que seule demeure la mer, étendue plate aux crêtes sans nombre, sous ses rayons. Humphry Hammond — qui était Humphry Hammond ? —, un son étrange, tantôt rocailleux, tantôt poli comme un coquillage.

Quelle effroyable engeance, la poste ! Ces petits carrés blancs avec des griffonnages noirs. « Mon beau-père... voulez-vous venir dîner... » A-t-elle perdu la tête, de me parler de son beau-père ? Elle porte encore le voile blanc, le lit est encore blanc abrupt ; les lis, la fenêtre ouverte, la femme qui bat ses tapis dehors... « Humphry reprend l'affaire... » Humphry qui est mort ? « Nous allons nous installer dans la grande maison, sans doute. » La maison mortuaire ? « Il faudra venir nous voir. Je vais devoir me rendre à Londres acheter des vêtements de deuil. » Oh, ne me dites pas qu'il est encore vivant ! Oh, pourquoi m'avoir trompée[2] ?

Une société

Voici comment tout a commencé. Un soir, après le thé, nous étions six ou sept. Les unes regardaient la mercerie d'en face où les plumes écarlates et les mules dorées chatoyaient encore dans la lumière de la vitrine ; d'autres trompaient leur désœuvrement en empilant des sucres sur le bord du plateau à thé. Autant que je me souvienne, au bout d'un moment, nous nous sommes rapprochées de la cheminée, et nous nous sommes mises, comme toujours, à faire l'éloge des hommes[1] — qu'ils étaient forts, et nobles, et brillants, et courageux, et beaux ! Qu'elle était enviable celle qui, peu importait comment, avait réussi à lier son sort à l'un d'entre eux ! —, lorsque Poll, qui n'avait pas ouvert la bouche, a fondu en larmes. Il faut que je vous dise que Poll a toujours été un peu bizarre. Son père lui-même était singulier, d'ailleurs. Il lui a légué une fortune, mais sous condition qu'elle lise tous les livres de la Bibliothèque nationale. Nous l'avons consolée de notre mieux, mais nous savions bien au fond de nous que cela ne servait à rien : nous l'aimons bien, Poll, mais ce n'est pas une beauté (ficelée comme l'as de pique avec ça), et, pendant que nous étions là à faire l'éloge des hommes, elle devait se dire qu'il ne s'en trouverait jamais un qui ait envie de l'épouser. Elle a fini par sécher ses larmes. Tout d'abord, nous n'avons rien compris à ce qu'elle racontait. Il faut reconnaître que c'était singulier. Elle nous a dit que, comme nous le savions, elle passait le plus clair de son temps à la Bibliothèque nationale. Elle avait commencé par le dernier étage et s'acheminait méthodiquement vers le rez-de-chaussée et les pages du

Times. Or, voilà qu'à mi-chemin — ou au quart, peut-être — une chose affreuse s'était produite. Impossible d'en lire plus, les livres n'étaient pas ce que nous avions cru.

— Les livres, s'est-elle écriée avec des accents désolés que je ne suis pas près d'oublier, les livres sont presque tous mauvais au-delà de toute expression!

Bien sûr, nous nous sommes récriées : des livres, Shakespeare en avait écrit, et Milton, et Shelley.

«Ah oui! On voit que vous avez bien appris votre leçon. Seulement vous n'êtes pas lectrices à la Bibliothèque nationale, vous!»

La voilà qui se remet à sangloter. Enfin, quand elle a retrouvé ses esprits, elle a tiré un livre de la pile qu'elle traînait toujours avec elle. *Vu d'une fenêtre, Dans un jardin*, quelque chose comme ça, écrit par un certain Benson ou Henson, ou quelque chose d'approchant. Elle a lu les premières pages. Nous l'avons écoutée en silence. L'une d'entre nous a dit :

— Mais ça n'est pas un livre, ça!

Elle en a pris un autre, un livre d'histoire cette fois, mais j'ai oublié le nom de l'auteur. Notre exaspération croissait au fil de sa lecture. Nous avions l'impression qu'il n'y avait pas un mot de vrai, quant au style : exécrable!

— Lis-nous de la poésie! avons-nous crié, impatientes. De la poésie! de la poésie!

Je ne saurais décrire la consternation qui s'est abattue sur nous lorsqu'elle a ouvert le petit volume pour se mettre à débiter les niaiseries sentimentales et verbeuses qu'il contenait.

— C'est une femme qui a écrit ça, s'est empressée de dire l'une d'entre nous.

Mais non, a répondu Poll, c'était un jeune homme qui comptait parmi les poètes les plus reconnus du moment. Je vous laisse à penser l'effet de cette découverte. Malgré nos cris et nos protestations, elle a tenu à nous lire des extraits des *Vies des Lords Chancellors*. Quand elle a eu achevé, Jane, la plus âgée et la plus sage d'entre nous, s'est levée pour dire que pour sa part elle n'était pas convaincue :

— Voyons, si les hommes écrivent des sornettes pareilles, pourquoi nos mères auraient-elles gâché leur jeunesse à les mettre au monde ?

Nous nous taisions toutes, et dans le silence on entendait Poll hoqueter :

— Pourquoi est-ce que mon père m'a appris à lire, pourquoi ?

Clorinda a été la première à reprendre ses esprits :

— C'est notre faute, tout ça. Nous savons toutes lire, mais Poll est la seule qui ait pris la peine de le faire. Moi, par exemple, j'ai toujours tenu pour acquis qu'une femme avait le devoir de porter des enfants. J'ai vénéré ma mère pour en avoir porté dix, ma grand-mère plus encore pour en avoir porté quinze. Je ne vous cache pas que je nourrissais l'ambition d'en porter vingt. Nous avons traversé les siècles avec la conviction que les hommes étaient également industrieux et que leurs œuvres étaient d'égal mérite. Nous accouchions d'enfants, eux, supposions-nous, accouchaient de livres et de tableaux. Nous, nous peuplions le monde, eux le civilisaient. Mais, maintenant que nous savons lire, qu'est-ce qui nous empêchera de juger sur pièces ? Avant de mettre au monde un autre enfant, il nous faut jurer de le découvrir tel qu'il est, le monde.

C'est ainsi que nous avons fondé une société de questionneuses. L'une d'entre nous devait aller voir un militaire de carrière, une autre se cacher dans le bureau d'un universitaire, une autre encore assister à des réunions d'hommes d'affaires, et, toutes, nous devions lire des livres, regarder des tableaux, aller au concert, ouvrir l'œil dans la rue et poser des questions sans cesse. Nous étions très jeunes, et vous jugerez de notre simplicité quand je vous aurai dit qu'avant de nous séparer ce soir-là nous sommes convenues que le but de la vie était de faire des hommes qui soient bons et des livres qui ne le soient pas moins ; nos questions viseraient à découvrir si les hommes avaient désormais atteint ce but. Nous avons fait le serment solennel de ne pas mettre au monde un seul enfant que nous n'en n'ayons le cœur net.

Nous voici donc parties, qui au British Museum, qui à la Marine royale, qui à Oxford et qui à Cambridge. Nous avons visité la Royal Academy et la Tate Gallery, entendu de la musique contemporaine dans des salles de concert, nous sommes allées dans les tribunaux, nous avons vu créer des pièces. Aucune ne sortait dîner sans poser à son cavalier certaines questions dont les réponses étaient scrupuleusement notées. Nous nous retrouvions régulièrement pour comparer nos observations. Ah, c'étaient de joyeuses réunions! Je n'ai jamais tant ri que quand Rose a lu ses notes sur l'«honneur» et qu'elle a raconté comment elle s'était déguisée en prince éthiopien pour monter à bord d'un vaisseau de Sa Majesté[2]. Le canular découvert, le capitaine était venu la trouver pour exiger réparation (elle s'était contentée de se travestir en homme, cette fois). «Mais comment?», s'enquit-elle. «Comment? mais par la canne, parbleu!», tonnat-il. La rage l'égarait manifestement; Rose crut sa dernière heure arrivée, si bien qu'elle se courba pour recevoir, à sa stupéfaction, six petits coups sur le derrière. «L'honneur de la marine britannique est vengé», cria-t-il. En se redressant elle le vit, ruisselant de sueur, lui tendre une main tremblante. «Arrière! s'exclama-t-elle pour jouer le jeu en contrefaisant une mimique aussi féroce que la sienne. Moi aussi j'exige réparation! — Voilà qui est parler en homme de cœur!» répondit-il; et de s'absorber dans des calculs: «S'il faut six coups pour venger l'honneur de la Marine royale, spécula-t-il à haute voix, combien en faut-il pour venger l'honneur d'un particulier?» Il préférait, dit-il, en débattre avec ses frères d'armes. Elle repartit avec hauteur qu'elle ne saurait attendre. Il loua son bon sens. «Voyons, s'exclama-t-il soudain, votre père possédait-il une voiture? — Non. — Un cheval de monte? — Nous avions un âne, se rappelat-elle, qui tirait la faneuse.» A ces mots, le visage de l'homme s'éclaira, et elle ajouta: «Ma mère s'appelait... — Pour l'amour du ciel, mon ami, épargnez-moi le nom de votre mère!», glapit-il. Il tremblait comme une feuille et rougit jusqu'à la racine des cheveux; il fallut bien dix minutes pour l'engager à poursuivre. Au bout du compte, il décréta que si elle lui donnait quatre coups et demi au bas du dos, à un endroit par lui désigné (il lui concédait le demi parce que le grand-oncle de sa grand-mère s'était fait tuer à Trafalgar), son honneur serait comme neuf. Fut dit, fut fait, puis ils s'en allèrent au restaurant boire deux bouteilles de bon vin qu'il tint à payer et se séparèrent sur des protestations d'amitié indéfectible.

Ensuite, nous avons eu le rapport de Fanny sur sa tournée des cours de justice. Dès sa première visite, elle était arrivée à la conclusion que les juges devaient être de bois ou bien qu'ils avaient pour doublures de gros animaux ressemblant à l'homme, qu'on avait dressés à se mouvoir avec une extrême dignité, à marmonner et à hocher la tête. Pour faire la preuve de cette théorie, elle avait ouvert un mouchoir plein de mouches bleues à l'instant le plus crucial du procès, mais elle se trouvait incapable de juger si les créatures donnaient le moindre signe d'humanité car le bourdonnement des mouches plongeait dans un sommeil si profond qu'elle s'était réveillée au moment où l'on ramenait les prisonniers dans leur cellule. Mais, sur la foi de ce témoignage, nous avons voté qu'il est injuste de tenir les juges pour des hommes.

Helen était allée à la Royal Academy, mais, lorsque nous lui avons demandé son rapport, elle s'est mise à réciter des passages d'un volume bleu pâle. « Ah que ne donnerais-je pour prendre cette main qui n'est plus, entendre cette voix qui s'est tue[3]. Rentré le chasseur, rentré des collines[4]. La bride il a secoué[5]. Doux amour, amour éphémère[6]. Printemps, printemps joli, prince gracieux des saisons[7]. Ah, que ne suis-je en Angleterre, avec l'avril[8]. L'homme aura le labeur, la femme aura les pleurs[9]. La voie du devoir est celle qui mène à la gloire[10]. » Ce galimatias nous exaspérait.

— Suffit, la poésie !
— Filles d'Albion, commença-t-elle.

Comme nous la forcions à s'asseoir, un vase s'est renversé dans le chahut et elle a reçu l'eau sur la tête.

— Dieu soit loué, ça fait du bien ! s'est-elle exclamée en s'ébrouant comme un chien. Maintenant, je vais me rouler sur le tapis pour voir si je ne pourrais pas faire disparaître toute trace du drapeau anglais[11], et alors, peut-être...

Elle s'est roulée avec énergie. En se levant, elle s'est mise à nous expliquer à quoi ressemblent les tableaux modernes mais Castalia l'a interrompue :

— Combien mesure un tableau, en moyenne ?

Elle a pris des notes pendant qu'Helen parlait, et quand elle a eu fini — nous évitions de nous regarder — elle s'est levée pour déclarer :

— Comme vous le souhaitiez, j'ai passé la semaine dernière à Oxford et Cambridge, déguisée en femme de ménage ; j'ai donc eu accès aux appartements de plusieurs professeurs et je m'en vais essayer de vous donner une idée, mais c'est que... je ne vois pas comment m'y prendre. C'est si bizarre, tout ça... Ces professeurs, donc, vivent dans de grandes maisons édifiées autour de carrés de pelouse, chacun dans une sorte de cellule à lui. Cela dit, ils ont tout le confort et les commodités possibles. Il leur suffit d'appuyer sur un bouton ou d'allumer une petite lampe. Leurs papiers sont admirablement classés. C'est plein de livres. Pas d'enfant ni d'animaux, à l'exception d'une demi-douzaine de chats errants et d'un vieux pinson — mâle. Tiens ! ça me fait penser que j'avais une tante qui habitait Dulwich et qui entretenait des cactus. Pour arriver à la serre, il fallait traverser un salon double ; ils étaient posés sur les tuyaux du chauffage ; il y en avait une douzaine — des vilaines petites plantes trapues avec des piquants, chacune son pot. L'aloès ne fleurit que tous les cent ans, disait ma tante. Elle est morte sans l'avoir vu fleurir... » Nous lui avons dit d'éviter les digressions. » Eh bien, pendant que le professeur Hobkin était sorti, j'ai examiné l'œuvre de sa vie. Une présentation de Sapho. C'est un drôle de livre, qui doit bien être épais comme un dictionnaire, mais qui n'est pas du tout de Sapho. Que non pas ! C'est, pour l'essentiel, une défense de la chasteté de Sapho, qu'un Allemand aurait contestée ; je peux vous dire que la passion qui anime ces deux messieurs, l'érudition dont ils font preuve, les prodiges d'ingéniosité qu'ils déploient pour discuter l'usage d'un accessoire que j'aurais jugé, moi, aussi important qu'une tête d'épingle... j'en suis restée confondue ; surtout lorsque la porte s'est ouverte et que le professeur est apparu en personne. C'est un vieux monsieur charmant et doux, mais que saurait-il donc de la chasteté, lui ? » Comme nous nous méprenions sur ces paroles, elle a protesté : « Non, non, c'est l'honneur incarné, sans ressembler au capitaine de Rose le moins du monde. Non, je pensais plutôt aux cactus de ma tante. Que savaient-ils, eux, de la chasteté ?

Nous lui avons répété de s'en tenir au fait : Les professeurs d'Oxford et Cambridge contribuaient-ils oui ou non à produire des êtres qui soient bons et des livres qui ne le soient pas moins — ce qui est le but de la vie ?

— Eh bien, justement, je n'ai pas pensé à poser la question. Qu'ils puissent produire quoi que ce soit, ça ne m'a même pas effleurée.

— Je crois que tu as dû faire erreur, a dit Sue. Le professeur Hobkin sera gynécologue. Un universitaire est d'une autre étoffe. Un universitaire déborde d'humour et d'invention — il est peut-être un peu porté sur le bon vin, et après ? C'est un homme d'une compagnie exquise, il est généreux, subtil, imaginatif — cela va de soi puisqu'il passe sa vie avec l'aristocratie de l'humanité.

— Hum, a dit Castalia, je ferais peut-être mieux de retourner vérifier.

Quelque trois mois plus tard, je me trouvais toute seule dans la pièce où nous nous réunissions lorsque Castalia est entrée. Je ne sais pas ce qui m'a tant émue dans son allure, mais je n'ai pas pu me retenir, j'ai traversé la pièce d'un bond et je l'ai serrée dans mes bras. Elle était très en beauté, certes, mais elle semblait en outre d'humeur radieuse.

— Comme tu as l'air heureuse ! me suis-je exclamée lorsqu'elle s'est assise.

— Je reviens d'Oxford et Cambridge.

— Tu as posé les questions ?

— J'y ai répondu.

— Tu n'as pas trahi notre serment ? lui ai-je demandé, anxieuse, car sa silhouette me paraissait vaguement changée.

— Bah, le serment, a-t-elle répondu avec légèreté. J'attends un enfant, si c'est ce que tu veux dire. Ah, tu ne peux pas savoir à quel point c'est beau, c'est magnifique, à quel point c'est satisfaisant...

— Mais quoi ?

— De... de répondre aux questions, a-t-elle conclu avec une certaine confusion.

Sur ce, elle m'a conté toute son histoire. Mais, au beau milieu d'un récit qui me passionnait plus que tout, elle a poussé un cri impossible — mi-hoquet mi-hourrah.

— Chasteté, ma chasteté ! Qu'ai-je fait de ma chasteté ! Holà, à l'aide, des sels !

Il n'y avait dans la pièce qu'un pot de moutarde, que j'allais lui administrer lorsqu'elle a recouvré son calme.

— C'est il y a trois mois qu'il fallait y penser, ai-je dit sévèrement.

— Très juste ! A quoi bon y penser, à présent ? Fâcheuse idée que ma mère a eu de m'appeler Castalia, soit dit en passant.

— Oh, Castalia, ta mère...

Elle a tendu la main vers le pot de moutarde, puis, en secouant la tête :

— Non, non, non. Si tu étais une femme chaste, toi qui parles, tu te serais mise à hurler en me voyant. Au lieu de quoi, tu m'as sauté au cou. Non, Cassandra, nous ne sommes chastes ni l'une ni l'autre.

Alors, nous avons continué à parler. Pendant ce temps, la pièce se remplissait car c'était le jour fixé pour commenter les résultats de notre enquête. J'avais le sentiment que tout le monde réagissait comme moi vis-à-vis de Castalia. On l'embrassait, on lui disait tout le plaisir de la revoir. Enfin, lorsqu'il n'a plus manqué personne, Jane s'est levée pour dire qu'il était temps de commencer. Elle a tout d'abord observé que nous posions maintenant des questions depuis cinq ans, et que même si les résultats ne pouvaient pas être probants — Castalia m'a poussée du coude pour me murmurer qu'elle n'en était pas si sûre, puis elle s'est levée pour couper la parole à Jane :

— Avant que tu en dises plus, je veux savoir si je peux rester parmi vous. Parce qu'il faut que je vous avoue que je suis une femme impure.

Toutes l'ont regardée avec stupeur.

— Tu attends un bébé? a demandé Jane.

Castalia a acquiescé.

La variété des réactions qui se sont peintes sur les visages était extraordinaire à observer. On a entendu un brouhaha où revenaient les mots «impure», «Castalia», «bébé». Jane, elle-même fort émue, nous a soumis la question :

— Faut-il qu'elle sorte? Est-elle impure?

Il s'est élevé une telle clameur qu'on l'aurait entendue de la rue :

— Non, non, non! Qu'elle reste! Impure? Taratata!

Pourtant, il m'a semblé que les plus jeunes d'entre nous, qui n'avaient pas plus de dix-neuf ou vingt ans, restaient sur la réserve, comme perdues de timidité. Et puis nous avons toutes fait cercle autour d'elle pour lui poser des questions, et, à la fin, j'ai vu une des plus jeunes, qui était restée en retrait, s'approcher pour lui demander timidement :

— Mais qu'est-ce que la chasteté, alors? Est-ce bon, est-ce mauvais, ou n'est-ce rien du tout?

La réponse est venue à voix si basse que je n'ai rien entendu.

— Vous savez, j'en suis restée sous le choc bien dix minutes, a dit une autre d'entre nous.

— A mon avis, a dit Poll qui tournait un peu à l'aigre à force de lire à la Bibliothèque nationale, la chasteté n'est rien d'autre que de l'ignorance, état fort peu respectable. Nous ne devrions admettre ici que des femmes qui ne soient pas chastes. Je propose que Castalia soit notre présidente.

La proposition a suscité des débats enflammés.

— Il est injuste, a repris Poll, de marquer les femmes comme «chastes» ou «impures». Parmi nous, il en est à qui les occasions manquent, d'ailleurs. En outre, je ne crois pas que Cassy soutiendra avoir agi par pur amour du savoir.

— Il n'a que vingt et un ans et il est beau comme un dieu, a dit Castalia avec un geste ravissant.

— Je propose, a dit Helen, que seules celles qui sont amoureuses soient habilitées à parler de chasteté ou d'impureté.

— Eh, flûte, a dit Judith qui s'occupait des questions scientifiques. Je ne suis pas amoureuse, moi, et j'ai hâte de vous exposer mes projets pour se passer des prostituées et féconder les vierges par la voie légale.

Elle s'est mise à nous parler de son invention, que l'on installerait dans les stations de métropolitain et autres lieux publics, et qui, pour une somme modique, préserverait la santé de la nation, ferait l'affaire de ses fils et soulagerait ses filles. Elle avait mis au point une technique pour conserver dans des tubes hermétiques la graine des futurs Lords Chancellors, des poètes, des peintres ou des musiciens — à supposer, précisait-elle, que l'espèce n'en soit pas éteinte, et que les femmes veuillent encore porter des enfants.

— Mais bien sûr que nous voulons porter des enfants! s'est écriée Castalia avec impatience.

Jane a frappé sur la table pour rétablir l'ordre.

— C'est là tout l'objet de notre débat. Voilà cinq ans que nous tentons de découvrir si nous sommes fondées à perpétuer l'espèce. Castalia a pris les devants, mais il nous appartient de nous décider à titre personnel.

A ce moment-là, nos messagères se sont levées les unes après les autres pour faire leur rapport. Les merveilles de notre civilisation dépassaient de loin nos espérances, et, au fur et à mesure que nous découvrions comment l'homme vole dans les airs, parle à travers l'espace, pénètre au cœur de l'atome et embrasse l'univers entier dans ses spéculations, un murmure d'admiration jaillissait de nos lèvres.

— Nous sommes fières que nos mères aient sacrifié leur jeunesse à une telle cause! nous sommes-nous écriées.

Castalia, qui n'avait rien perdu de tout cela, semblait plus fière encore que les autres. Puis Jane nous a rappelé que nous avions encore beaucoup à apprendre et Castalia nous a priées de faire vite. Nous traversons donc un vaste imbroglio de statistiques. Nous apprenons que l'Angleterre compte tant de millions d'habitants, que tant d'entre eux ne mangent pas à leur faim, tant sont en prison ; que la famille moyenne compte tant d'enfants, que le pourcentage de femmes qui meurent en couches ou des suites de couches est de tant. On lit des rapports de visites d'usines, de boutiques, d'entrepôts portuaires. On décrit la Bourse, une gigantesque firme de la City, un cabinet ministériel. On en arrive à discuter des colonies britanniques et de notre administration en Inde, en Afrique et en Irlande. Assise à côté de Castalia, je vois qu'elle est mal à l'aise.

— A ce train, dit-elle, nous n'aboutirons jamais à une conclusion. Puisqu'il apparaît que la civilisation est bien plus complexe que nous ne l'avions envisagé, ne vaudrait-il pas mieux nous en tenir à notre enquête initiale? Nous étions convenues que le but de la vie est de produire des êtres qui soient bons et des livres qui ne le soient pas moins et nous sommes là à parler d'aéroplanes et d'usines et d'argent. Si nous parlions des hommes eux-mêmes et de leur art, puisque telle est la question?

Alors s'avancent les dîneuses avec leurs longues listes de réponses à leurs questionnaires — questionnaires mis au point après moult considérations. Un homme bon, étions-nous convenues, doit être au minimum : honnête, passionné et indifférent à la mondanité. Mais le seul moyen de découvrir si un individu réunissait ces qualités, c'était de poser des questions, et il fallait souvent commencer par les plus détournées. C'est agréable de vivre à Kensington? Votre fils, où fait-il ses études? et votre fille? Ah, dites-moi, vos cigares, vous les payez combien? A propos, Sir Joseph est-il baronnet ou seulement chevalier? Il nous a souvent semblé en apprendre plus long par le biais de ces questions anodines que par d'autres, plus directes. «J'ai accepté la pairie, disait Lord Bunkun, parce que ma femme le souhaitait.» Je ne sais plus combien de titres avaient été acceptés pour la même raison. «Quand on travaille comme moi quinze heures sur vingt-quatre...», commençaient des légions d'hommes exerçant des professions libérales. «Non, non, bien sûr, on ne peut ni lire ni écrire. Mais pourquoi tant travailler? — Ma chère amie, quand la famille s'agrandit... — Mais pourquoi s'agrandit-elle ? » Leurs femmes le souhaitaient aussi, sans doute, à moins que ce ne fût l'Empire britannique.

Mais, bien plus significatives que les réponses, il y avait les fins de non-recevoir. Très peu d'hommes consentaient à parler de morale et de religion et ceux-là mêmes s'en tiraient par une boutade. Les questions sur la valeur de l'argent et du pouvoir étaient presque toujours éludées et, si la questionneuse insistait, c'était à ses risques et périls.

— Je suis sûre que, si Sir Harvey Tightboots n'avait pas été en train de découper le gigot quand je l'ai interrogé sur le capitalisme, il m'aurait coupé la gorge. La seule raison qui nous a valu d'échapper à la mort si souvent, c'est que les hommes sont si voraces, et si chevaleresques tout à la fois, a dit Jill, ils nous méprisent trop pour faire attention à ce que nous disons.

— Bien sûr qu'ils nous méprisent, a dit Eleanor, mais en même temps comment expliques-tu ceci — moi j'ai enquêté auprès des artistes. Or il n'y a jamais eu de femme artiste, n'est-ce pas, Poll ?

— Jane-Austen-Charlotte-Brontë-George-Eliot, a crié Poll comme un vitrier dans une venelle.

— Quelle barbe cette femme, s'est écriée une autre. Est-elle assommante !

— Depuis Sapho, on ne connaît pas de femme que l'on puisse considérer comme... a commencé Eleanor, en citant un hebdomadaire.

— Sapho qui n'est, comme chacune sait, qu'une invention plus ou moins lubrique du professeur Hobkin, a coupé Ruth.

— Bref, a continué Eleanor, il n'y a aucune raison de penser qu'une femme a jamais été ou sera jamais capable d'écrire ; et pourtant, chaque fois que je vais chez les auteurs, ils ne cessent de me parler de leurs livres. Et moi : Magistral ! Shakespearien ! (Il faut bien dire quelque chose.) Eh bien, je vous assure qu'ils me croient.

— Ça ne veut rien dire, a objecté Jane. Ils nous croient tous et ça ne nous avance pas à grand-chose, a-t-elle soupiré. Peut-être vaudrait-il mieux passer à la littérature moderne. Liz, à toi.

Elizabeth s'est levée et elle a dit que pour son enquête il lui avait fallu se déguiser en homme et se faire passer pour un critique.

— Voilà cinq ans que je lis régulièrement les livres qui sortent. Le plus célèbre de nos écrivains vivants est Mr Wells ; ensuite vient Mr Arnold Bennett ; puis Mr Compton Mackenzie ; pour messieurs McKenna et Walpole, ils sont *ex aequo*.

Elle s'est rassise.

— Mais tu ne nous a rien dit, avons-nous protesté. A moins que tu ne veuilles dire que ces messieurs ont surpassé de loin Jane-Eliot et que la littérature anglaise est... comment dit ton article... «en de bonnes mains avec eux»?

— En de très bonnes mains, a-t-elle dit en se balançant avec embarras d'un pied sur l'autre. Et puis je suis sûre qu'ils distribuent plus d'argent qu'ils n'en gagnent.

Nous n'en doutions pas.

— Mais, avons-nous insisté, est-ce qu'ils écrivent de bons livres ?

— De bons livres ?», a-t-elle répété en fixant le plafond ; et puis elle s'est mise à débiter d'un trait : «N'oubliez pas que la fiction est le miroir de la vie. Il est indéniable que l'instruction est de la première importance, et que, d'autre part, il serait extrêmement fâcheux, lorsqu'on est seule à Brighton le soir, de ne pas savoir quelle est la meilleure pension, et supposons que ce soit un dimanche soir et qu'il pleuve, eh bien, ce serait gentil d'aller au cinéma.

— Mais qu'est-ce que ça vient faire ?

— Rien, rien. Rien du tout.

— Bon, alors dis-nous la vérité.

— La vérité ? Mais n'est-ce pas merveilleux, Mr Chitter écrit un article par semaine depuis trente ans, sur l'amour ou sur les tartines beurrées, et il a envoyé tous ses fils à Eton !

— La vé-ri-té !

— La vérité, la vérité, a-t-elle bredouillé, n'a rien à voir avec la littérature.

Elle s'est rassise et elle a refusé d'en dire plus.

Tout cela n'était guère probant.

— Mesdames, il faut essayer de faire le point, commençait Jane, lorsqu'une rumeur qu'on entendait depuis un moment par la fenêtre ouverte a couvert sa voix.

«C'est la guerre! C'est la guerre! La guerre est déclarée!», hurlaient des hommes dans la rue. Nous nous sommes regardées avec horreur, en criant : «Quelle guerre? Quelle guerre?» Nous nous sommes souvenues trop tard que nous avions complètement oublié d'envoyer quelqu'un à la Chambre. La Chambre nous était totalement sortie de la tête. Nous nous sommes tournées vers Poll, qui en était aux rayons «histoire» de la Bibliothèque nationale, et nous lui avons demandé de nous éclairer.

— Pourquoi les hommes font-ils la guerre?

— Ça dépend des fois, a-t-elle répondu sans perdre son calme. En 1760, par exemple...» La clameur de la rue a couvert ses paroles. «En 1797, de nouveau... En 1804... En 1866, c'était les Autrichiens... En 1870, c'était la guerre franco-prussienne. Mais en 1900, en revanche...

— Mais nous sommes en 1914!

— Ah, là, maintenant, je ne sais pas pourquoi ils font la guerre, a-t-elle avoué.

La guerre était finie et on signait le traité lorsque je me suis retrouvée une fois de plus avec Castalia dans la pièce où nous nous réunissions auparavant. Nous nous sommes mises à feuilleter distraitement nos vieilles minutes. J'ai dit :

— Comme c'est curieux de voir ce que nous pensions il y a cinq ans.

Castalia a lu par-dessus mon épaule :

— «Nous sommes convenues que le but de la vie est de produire des êtres qui soient bons et des livres qui ne le soient pas moins.»

Cela n'a fait l'objet d'aucun commentaire.

— «Un homme bon est au minimum : honnête, passionné et indifférent à la mondanité.»

— Voilà bien un langage de femme! ai-je fait remarquer.

— Grand Dieu, quelles sottes nous étions, s'est écriée Castalia en repoussant le livre. Tout ça, c'est la faute du père de Poll. Il l'a fait exprès, j'en suis convaincue — tu sais bien, ce codicille ridicule, qui voulait qu'elle lise tous les livres de la Bibliothèque nationale. Si nous n'avions pas appris à lire, a-t-elle ajouté avec amertume, nous aurions peut-être continué à mettre des enfants au monde en toute ignorance, et pour moi, c'est le meilleur de la vie, au bout du compte. Attends, je sais ce que tu vas me dire sur la guerre et l'horreur de mettre des enfants au monde pour les voir se faire tuer. Mais nos mères l'ont bien fait, et nos grand-mères avant elles. Elles ne se sont pas plaintes, elles. Elles ne savaient pas lire. Moi, a-t-elle soupiré, j'ai tout fait pour empêcher ma petite Ann d'apprendre. Mais à quoi bon ? Pas plus tard qu'hier, je l'ai surprise avec un journal entre les mains et elle m'a déjà demandé si c'était *vrai* ce qu'on y disait. Elle ne va pas tarder à me demander si Mr Lloyd George est un homme bon et si Mr Bennett est un bon romancier, et elle finira bien par vouloir savoir si je crois en Dieu. Comment faire pour que ma fille ne croie en rien ?

— Tu pourrais toujours lui apprendre que l'intellect d'un homme est et restera à jamais supérieur à celui d'une femme ?

A ces mots, son visage s'est éclairé et elle s'est remise à tourner les pages de nos vieilles minutes.

— Oui ! Pense à leurs découvertes, leurs mathématiques, leur science, leur philosophie, leur érudition ! » Là-dessus, elle s'est mise à rire : « Ce vieil Hobkin et son épingle à cheveux, jamais je ne les oublierai.

Comme elle continuait à lire en riant, j'ai cru qu'elle avait retrouvé sa bonne humeur mais, tout d'un coup, elle a jeté les feuilles et m'a fait cette sortie :

— Ah, Cassandra, pourquoi est-ce que tu me tourmentes ? Tu ne sais donc pas que notre foi en la supériorité intellectuelle des hommes est notre plus grand leurre ?

— Mais comment, demande à n'importe quel journaliste, n'importe quel maître d'école, politicien, patron de pub, ils te diront tous que les hommes sont beaucoup plus intelligents que les femmes !

— Peuh! comme si j'en doutais. Ils auraient mauvaise grâce à ne pas l'être. C'est nous qui les avons élevés, nourris, nous qui avons assuré leur confort depuis le commencement des temps pour qu'ils soient intelligents à défaut d'autre chose. Nous l'avons bien cherché! s'est-elle écriée. Nous voulions de l'intellect, eh bien, nous en avons. Et c'est bien le fond du problème. Quoi de plus charmant qu'un garçon qui n'a pas encore commencé à cultiver son intellect? C'est un plaisir pour les yeux : il ne pose pas; il comprend d'instinct l'art et la littérature; il profite de la vie et en fait profiter les autres. Et puis on lui apprend à cultiver son intellect. Il devient avocat, haut fonctionnaire, général, écrivain, professeur à l'université. Tous les jours, il va au bureau, tous les ans, il produit un livre, il entretient toute une famille à la sueur de son front, le pauvre diable! Bientôt, il ne peut plus entrer dans une pièce sans nous mettre mal à l'aise; il traite toutes les femmes qu'il rencontre avec condescendance, même à la sienne, il n'ose pas dire la vérité. Au lieu que nos yeux se réjouissent à le voir, il nous faut les fermer pour le prendre dans nos bras. Ils se consolent avec des petites étoiles de tous acabits, des rubans de toutes les couleurs et des revenus de tous ordres, c'est vrai. Et nous, qu'est-ce qui nous reste pour nous consoler? Savoir que d'ici dix ans nous pourrons finir la semaine à Lahore? Que le plus chétif insecte du Japon a un nom deux fois long comme lui? Ah, Cassandra, pour l'amour du ciel, trouvons une méthode pour que les hommes puissent porter les enfants! C'est la seule issue. Si nous ne leur trouvons pas une distraction innocente, nous n'aurons ni êtres ni livres qui soient bons et il nous faudra périr sous les fruits de leur activité débridée. Il ne se trouvera pas un seul survivant pour savoir qu'il y a eu jadis Shakespeare!

— Trop tard. Nous n'arrivons même pas à assurer l'avenir des enfants qui sont déjà là.

— Et tu voudrais que je croie en l'intellect?

Pendant que nous parlions, des hommes criaient à voix lasse et enrouée dans la rue. En tendant l'oreille, nous avons appris que le traité de paix venait d'être signé. Les voix ont décru. La pluie tombait et gênait sans doute l'explosion des feux d'artifices et des pétards.

— Ma cuisinière aura acheté l'*Evening News*, a dit Castalia, Ann sera en train d'ânonner devant sa tasse de thé. Il faut que je rentre.

— A quoi bon? Pour quoi faire? Une fois qu'elle saura lire, tu ne pourras plus lui apprendre qu'une seule chose : à croire en elle.

— Ma foi, ça changerait.

Alors, nous avons ramassé les papiers de notre société. Nous sommes allées trouver la petite Ann qui jouait bien tranquillement avec sa poupée et nous lui avons solennellement fait don de tout le paquet en lui disant que nous l'avions élue présidente de la société à venir. Elle en a fondu en larmes, la pauvrette.

Le rideau de Miss Lugton, l'infirmière

Miss Lugton, l'infirmière, dormait. Elle avait ronflé un bon coup, laissé retomber sa tête, relevé ses lunettes sur son front, et elle était là, assise près du pare-feu, un dé au bout de son majeur dressé, son aiguillée de coton pendante. Et elle ronflait, et elle ronflait. Et sur ses genoux, couvrant tout son tablier, s'étalait une grande pièce d'étoffe bleue à motifs.

Les animaux qui la couvraient restèrent immobiles jusqu'au cinquième ronflement de l'infirmière. Un, deux, trois, quatre, cinq... Ouf, la vieille dormait. L'antilope fit signe au zèbre ; la girafe croqua dans la plus haute feuille de l'arbre ; tous les animaux se mirent à bondir et caracoler. Car le dessin de l'étoffe bleue représentait une troupe d'animaux sauvages avec, au-dessous, un lac et un pont, une ville aux toits ronds et des petits personnages à leur fenêtre ou en train de passer le pont à cheval. Mais la vieille infirmière n'avait pas plus tôt ronflé pour la cinquième fois que le bleu de l'étoffe se changea en air et que les arbres frémirent ; on entendit l'eau du lac se briser sur les rives, on vit les gens passer sur le pont et faire des signes de la main aux fenêtres.

Les animaux s'étaient animés. Venaient d'abord l'éléphant et le zèbre ; puis la girafe et le tigre ; suivaient l'autruche et le mandrill, douze marmottes et une meute de mangoustes. Pingouins et pélicans se dandinaient vers l'onde, non sans coups de bec en chemin. Au-dessus d'eux brûlait le dé d'or de l'infirmière, comme un soleil. Et, quand l'infirmière ronflait, les animaux entendaient le vent mugir à travers la forêt. Ils descendaient s'abreuver et, sous leurs pieds, le rideau bleu (car Miss Lugton exécutait un rideau pour le salon de Mrs John Jasper Gingham) se faisait herbe et roses et marguerites ; il se jonchait de pierres noires et blanches ; il y avait des flaques, des traces de charrettes et des petites grenouilles prestes à sauter devant la patte des éléphants. Ils descendaient tous, ils descendaient s'abreuver en bas de la colline. Et bientôt tous furent assemblés au bord du lac, les uns le col penché, d'autres la tête renversée. Quel beau spectacle, vraiment ! Et dire que tout cela se passait sur les genoux de la vieille Miss Lugton endormie dans sa chaise Windsor à la clarté de la lampe ! Dire que son tablier se couvrait de roses et d'herbe, que toutes ces bêtes sauvages le foulaient, elle qui mourait de peur rien qu'à glisser son parapluie entre les barreaux du zoo ! Le moindre petit scarabée noir la faisait sursauter. Mais elle dormait, l'infirmière, elle ne voyait rien du tout.

Les éléphants buvaient ; les girafes croquaient les plus hautes feuilles des tulipiers ; les gens qui passaient sur les ponts leur jetaient des bananes et lançaient des ananas dans les airs et de beaux petits pains fourrés de pâte de coing et de feuilles de rose car les singes en étaient friands. La vieille reine vint à passer dans son palanquin et le général des armées et le Premier ministre et l'amiral et le bourreau ; et de hauts dignitaires appelés par leurs affaires dans la ville, qui était très belle et avait nom Millamarchmantopolis. Personne ne faisait de mal aux jolis animaux et beaucoup de gens avaient pitié d'eux car ils savaient que jusqu'au plus petit des singes ils étaient victimes d'un sortilège : une grande ogresse les tenait dans ses rets, nul ne l'ignorait. Et cette grande ogresse s'appelait Lugton. Ils la voyaient de leurs fenêtres, dressée au-dessus d'eux. Son visage ressemblait au flanc d'une montagne, avec ses précipices et ses avalanches, ses crevasses pour les yeux, la chevelure, le nez, les dents. Et, tout animal qui s'égarait sur son territoire, elle le pétrifiait. Alors, le jour, ils ne bougeaient ni pied ni patte, mais, lorsqu'elle s'endormait, ils étaient délivrés et descendaient s'abreuver, le soir, à Millamarchmantopolis.

Soudain, la vieille infirmière chiffonna le rideau.

LA FASCINATION DE L'ÉTANG

Une grosse mouche bleue qui bourdonnait autour de la lampe l'avait réveillée. Elle se redressa et piqua son aiguille.

En un clin d'œil, les animaux retrouvèrent leur place. L'air se changea en étoffe bleue. Et, l'ouvrage étalé bien sagement sur ses genoux, l'infirmière reprit son aiguille et se remit à ourler le rideau du salon de Mrs Gingham.

La veuve et le perroquet, histoire vraie

Il y a quelque cinquante ans, Mrs Gage, une veuve âgée, était assise chez elle, dans un village du Yorkshire nommé Spilsby. Quoique boiteuse et passablement myope, elle s'évertuait à réparer une paire de sabots car elle n'avait que quelques shillings par semaine pour vivre. Elle était en train de taper sur son sabot à coups de marteau lorsque le facteur ouvrit la porte pour lui jeter une lettre sur les genoux.

L'enveloppe portait l'en-tête de Maître Stagg et Maître Beetle, 67 Grand-Rue, Lewes, Sussex.

Mrs Gage l'ouvrit et lut : « Madame, nous avons l'honneur de vous faire part du décès de votre frère, M. Joseph Brand. »

— Bonté divine ! dit Mrs Gage. V'là enfin le vieux Joseph qui a passé !

« Il vous laisse tous ses biens, continuait la lettre, c'est-à-dire une maison d'habitation, une étable, des tuteurs à concombre, une essoreuse, une brouette, etc., le tout situé au village de Rodmell, près de Lewes. Il vous lègue également toute sa fortune, à savoir trois mille livres sterling. »

De joie, Mrs Gage faillit tomber dans l'âtre. Cela faisait bien des années qu'elle n'avait pas vu son frère, et, comme il n'accusait même pas réception de la carte de Noël qu'elle lui envoyait tous les ans, elle en déduisait que son avarice, qu'elle connaissait depuis leur plus jeune âge, lui faisait deuil d'un timbre. Or voilà que ce travers lui profitait à elle : avec trois mille livres sterling, sans parler de la maison, etc., elle et sa famille auraient de quoi vivre dans le luxe le restant de leurs jours.

Elle résolut de se rendre à Rodmell sans attendre. Le revérend Samuel Tallboys, pasteur du village, lui prêta les deux livres dix du voyage et le lendemain elle avait achevé ses préparatifs, qui consistaient essentiellement à faire garder son chien Bourru en son absence, car malgré sa pauvreté elle adorait les animaux et se privait souvent plutôt que de pleurer un os à son chien.

Elle parvint à Lewes le mardi soir tard. Il faut vous dire que de ce temps-là il n'y avait pas de pont sur le fleuve à Southease, pas plus que de route de Newhaven ; pour aller à Rodmell, il fallait traverser l'Ouse à gué, gué dont il reste d'ailleurs des traces, et il fallait attendre marée basse où les pierres affleuraient. Mr Stacey, le fermier, allait à Rodmell dans sa carriole : il proposa gentiment à Mrs Gage de l'y mener. Ils arrivèrent à Rodmell vers neuf heures, une nuit de novembre, et il lui désigna obligeamment la dernière maison du village, que son frère lui avait laissée. Mrs Gage frappa à la porte : pas de réponse. Elle frappa de nouveau. Une drôle de voix haut perchée criailla « Y a personne ! ». Elle en fut si décontenancée qu'elle se serait sauvée si elle n'avait pas entendu quelqu'un venir. Cependant, une vieille femme du village, nommée Mrs Ford, ouvrit la porte.

— Qui est-ce donc qui crie « Y a personne » ? s'enquit Mrs Gage.

— C'est cette saleté d'oiseau, geignit Mrs Ford en désignant un gros perroquet gris. Il me rompt la tête à crier comme ça. Il passe la journée tout voûté sur son perchoir sans jamais en décoller et, sitôt qu'on s'approche, il piaille « Y a personne ! ».

C'était un fort bel oiseau, Mrs Gage le voyait bien, mais ses plumes étaient tristement négligées.

— Peut-être qu'il est malheureux, ou qu'il a faim, dit-elle.

Mais Mrs Ford assura qu'il avait surtout mauvais caractère ; c'était un perroquet de matelot qui avait appris à parler en Orient. Malgré tout, ajouta-t-elle, M. Joseph l'aimait bien, l'avait baptisé James et lui parlait, paraît-il, tout comme à une personne capable de raison. Mrs Ford s'en alla bientôt et Mrs Gage se dirigea tout droit vers la petite caisse en bois qui lui tenait lieu de valise. Elle y prit du sucre qu'elle offrit au perroquet en lui disant très gentiment qu'elle ne lui voulait aucun mal, qu'elle était la sœur de son vieux maître, venue prendre possession des lieux, et qu'elle veillerait à ce qu'il fût aussi heureux qu'un oiseau peut l'être. Ensuite, lanterne en main, elle s'en fut faire le tour du propriétaire pour voir ce que son frère lui avait laissé. La déception fut cruelle. Tous les tapis étaient troués, les fonds de chaise crevés; des rats couraient sur la cheminée et de gros champignons poussaient dans la cuisine. Rien qui vaille trois sous; elle dut son seul réconfort à la pensée des trois mille livres qui l'attendaient bien au chaud à la banque de Lewes.

Elle résolut de se rendre à Lewes le lendemain pour réclamer son argent à Maître Stagg et Maître Beetle, avoués, et de retourner chez elle au plus tôt. Mr Stacey, qui partait au marché vendre de superbes porcs du Berkshire, lui proposa de nouveau de la conduire et, chemin faisant, lui raconta dès histoires épouvantables de jeunes gens qui s'étaient noyés en voulant passer à marée haute. Dans le bureau de Mr Stagg, une amère déception attendait la pauvre vieille.

— Asseyez-vous, madame, je vous en prie, dit l'avoué dans un grognement solennel. La vérité m'oblige à vous dire que les nouvelles vont vous être très désagréables. Depuis que je vous ai écrit, j'ai lu scrupuleusement les papiers de Mr Brand et j'ai le regret de vous dire que je ne trouve pas la moindre trace des trois mille livres. Mon associé, Mr Beetle, s'est rendu à Rodmell en personne et il a fouillé les lieux méticuleusement. Il n'a strictement rien trouvé, ni or, ni argent, ni objet de valeur — sinon un beau perroquet gris que je vous conseille de vendre au meilleur prix. Benjamin Beetle dit que son vocabulaire est assez spécial, mais là n'est pas la question. Je crains bien que vous n'ayez fait tout ce voyage pour rien. La maison est en triste état et, bien entendu, nos frais sont considérables.

Il n'en dit pas plus et Mrs Gage vit bien qu'il souhaitait qu'elle s'en allât. Elle était quasi folle de déception. Non seulement elle avait emprunté deux livres dix au révérend Samuel Tallboys mais elle allait s'en retourner les mains vides puisqu'il faudrait vendre James, le perroquet, pour payer son billet. Il pleuvait dru mais Mr Stagg ne la retint pas et son chagrin l'égarait au point qu'elle ne savait plus ce qu'elle faisait. Malgré la pluie, elle entreprit de rentrer à Rodmell à pied, en coupant à travers champs.

Mrs Gage, je l'ai déjà dit, boitait de la jambe droite. Même dans les meilleures conditions, elle n'allait pas bien vite, mais là, entre le poids de sa déception et la boue de la berge, elle avançait vraiment au ralenti. Comme elle tirait la jambe, le jour baissait, si bien qu'elle parvenait tout juste à ne pas dévier du sentier qui longeait la rive. Chemin faisant, elle soliloquait et pestait contre son roué de frère qui l'avait mise dans tous ces embarras. « Exprès pour me faire pièce, maugréait-elle. Tout petit, il était déjà cruel ; il aimait faire des misères à des pauvres insectes et je l'ai vu couper une chenille avec des ciseaux. Et puis c'était un avare... une vermine ! Il cachait son argent de poche dans un arbre et, si on lui donnait un morceau de gâteau glacé pour son quatre heures, il détachait le sucre et il le gardait pour le souper. Il doit brûler en enfer, pour sûr, à c't'heure, mais j'en suis bien avancée ! » De fait cela ne l'avançait guère car elle alla buter contre une grosse vache qui longeait la berge et qui l'envoya bouler dans la boue.

Elle se releva tant bien que mal et se remit à cheminer. Il lui semblait qu'elle marchait depuis des heures. Il faisait maintenant nuit noire et elle voyait tout juste sa main sous son nez. Soudain, les histoires du fermier lui revinrent. « Bonté divine, pensa-t-elle. Comment que je m'en vais trouver mon chemin pour passer ? Si la marée monte, je m'en vais perdre pied et le courant m'emportera à la mer en un rien de temps. Y a plus d'une paire de bœufs qui s'est noyée par là, sans parler des chevaux, des carrioles, des bestiaux et des meules de foin ! »

Au vrai, entre l'obscurité et la boue, elle s'était mise dans un joli pétrin. Elle avait du mal à voir le fleuve lui-même et elle aurait été bien en peine de dire si elle était arrivée au gué. Il n'y avait pas la moindre lumière alentour car, comme vous le savez peut-être, il n'y a ni cottage ni maison sur cette rive avant Asheham House, qui était jusqu'à une date récente la propriété de Mr Leonard Woolf. Il ne lui restait plus, semblait-il, qu'à s'asseoir là jusqu'au matin. Mais à son âge, avec ses rhumatismes, c'était une affaire à mourir de froid. D'un autre côté, si elle tentait de passer le fleuve, elle se noierait, c'était sûr. Elle était dans un tel désarroi qu'elle eût de bon cœur troqué sa place contre celle d'une vache au pré. On n'aurait pas trouvé vieille plus malheureuse dans tout le Sussex. Plantée là sur la rive, elle se demandait s'il fallait traverser ou s'arrêter, ou se rouler tout bonnement dans l'herbe trempée et s'endormir en s'en remettant au destin, au risque de mourir de froid. C'est alors qu'il se produisit quelque chose d'extraordinaire. Une immense lumière jaillit vers le ciel comme une torche géante, éclairant le moindre brin d'herbe et lui montrant le gué qui n'était qu'à vingt pas. La marée était basse et le passage serait aisé si seulement la lumière ne la lâchait pas en route.

« Ça doit être une comète ou une diablerie comme ça », se dit-elle en clochant. Elle voyait le village de Rodmell se dresser tout éclairé devant elle. « Miséricorde, doux Jésus ! C'est une maison qui brûle — Dieu soit loué ! » Car elle calculait qu'il faudrait bien quelques minutes pour brûler une maison de fond en comble, et que, d'ici là, elle ne serait plus très loin du village.

« Le malheur des uns fait le bonheur des autres », se dit-elle en clopinant le long de la voie romaine. Ce qu'il y a de sûr, c'est qu'elle voyait parfaitement sa route, et qu'elle était presque arrivée, quand l'idée lui vint que c'était peut-être bien sa maison à elle qui était réduite en cendres.

Et en effet.

Un petit garçon en chemise de nuit vint danser la gigue autour d'elle en criant :

— Venez donc voir la maison du vieux Joseph qui flambe !

Tous les villageois faisaient cercle autour de la maison pour se passer des seaux d'eau remplis au puits de Monk's House qu'ils jetaient sur les flammes. Mais le feu avait le dessus et, à l'instant où Mrs Gage arrivait, le toit s'effondra.

— Est-ce que quelqu'un est allé chercher le perroquet ? cria-t-elle.

— Remerciez le ciel de vous trouver dehors, madame, dit le

révérend James Hawkesford. Ne vous souciez pas de nos frères inférieurs. Je suis sûr que Dieu y a pourvu et que le perroquet n'aura pas souffert, asphyxié sur son perchoir.

Mais Mrs Gage était résolue à s'en assurer elle-même et les villageois qui durent la retenir déclarèrent qu'il fallait qu'elle soit folle pour risquer sa vie pour un oiseau.

— La pauvre vieille, dit Mrs Ford, elle a tout perdu ! Il ne lui reste plus qu'une vieille mallette avec ses affaires pour la nuit ! Nous aussi, on perdrait la tête à sa place.

A ces mots, Mrs Ford prit Mrs Gage par la main et l'entraîna chez elle, où il avait été décidé qu'elle passerait la nuit. L'incendie était éteint et chacun rentra chez soi.

Mais la pauvre Mrs Gage ne trouvait pas le sommeil. Elle se tournait et se retournait en pensant à ses misères et en se demandant comment rentrer dans le Yorkshire et rembourser le révérend Samuel Tallboys. En même temps, elle avait encore plus de chagrin lorsqu'elle pensait à la triste fin du pauvre perroquet. Elle s'était prise d'affection pour lui : fallait-il qu'il ait eu le cœur fidèle pour avoir tant de peine de la mort du vieux Joseph, qui n'avait jamais fait la moindre gentillesse à un être humain ! Quelle mort affreuse pour un oiseau innocent ! Si seulement elle était arrivée à temps, elle aurait risqué sa vie pour le sauver.

Elle était couchée à rouler ces pensées lorsqu'on toqua légèrement à la fenêtre. Elle sursauta. On toqua encore. Elle sortit du lit au plus vite et alla à la fenêtre. Là, à sa stupéfaction, sur le rebord, se tenait un énorme perroquet. La pluie avait cessé, il y avait un beau clair de lune. Elle eut d'abord grand-peur mais elle reconnut bientôt James, le gros perroquet, et elle fut folle de joie en découvrant qu'il était sauvé. Elle ouvrit la fenêtre, lui caressa la tête à plusieurs reprises et lui dit d'entrer. Le perroquet répondit en secouant la tête puis quitta la fenêtre, fit quelques pas, se retourna comme pour voir si Mrs Gage le suivait et revint se poser sur le bord de la fenêtre où elle demeurait stupéfaite.

«Cette créature a plus de connaissance que nous imaginons, nous autres», se dit-elle.

— Très bien, James, reprit-elle à haute voix et en lui parlant comme à un être humain, je te prends au mot. Seulement, attends un peu que je passe une tenue décente.

Ce disant, elle épingla un grand tablier sur sa chemise, descendit à pas de loup et se glissa dehors sans réveiller Mrs Ford.

James était manifestement satisfait. Il avait pris une longueur d'avance et se dirigeait en sautillant prestement vers la maison. Mrs Gage suivait aussi vite qu'elle pouvait. Comme s'il connaissait parfaitement son chemin, le perroquet contourna la maison, toujours sautillant, pour passer par derrière, à l'emplacement de la cuisine. Il n'en restait plus rien qu'un sol de briques encore trempées de l'eau jetée pour éteindre l'incendie. Sous les yeux ébahis de Mrs Gage, l'oiseau sautillait de brique en brique en jetant des coups de bec à droite à gauche, comme pour les tester. C'était à ne pas croire et, si Mrs Gage n'avait pas eu l'habitude de vivre avec des animaux, elle aurait sans doute perdu la tête et serait rentrée chez elle en clochant. Mais le plus étrange restait à venir. Le perroquet n'avait dit mot depuis le début. Or, soudain, il fut pris d'une agitation extrême. Il battait des ailes, frappait le sol de son bec à coups redoublés et piaillait « Y a personne ! Y a personne ! » si fort que Mrs Gage eut peur qu'il ne réveillât tout le village.

— Ne te mets pas dans un état pareil, James, tu vas te faire du mal, dit-elle pour l'apaiser.

Mais il repartit à l'attaque des briques plus furieusement encore.

« Qu'est-ce que ça peut bien vouloir dire ? », se demanda Mrs Gage en scrutant le parterre de la maison. Le clair de lune était assez brillant pour lui montrer une légère irrégularité dans l'alignement des briques, comme si on les avait descellées pour les remettre, mais pas tout à fait à niveau. Elle avait attaché son tablier avec une grosse épingle de nourrice qu'elle introduisit donc entre les briques — pour découvrir qu'en effet elles n'étaient pas jointives. Bientôt, elle en avait une en main. Aussitôt, le perroquet sauta sur la brique voisine, lui donna un franc coup de bec et cria « Y a personne ! », ce que Mrs Gage interpréta comme une invite à la desceller. Ils continuèrent donc à retirer les briques au clair de lune, tant et si bien qu'ils dégagèrent un espace de près de six pieds sur quatre. Cela semblait suffire au perroquet, mais après, que faire?

Mrs Gage se reposait et résolut de se laisser entièrement guider par les attitudes de James. Son repos fut de courte durée. L'oiseau gratta le sable des fondations à la manière d'une poule dans une cour, puis il exhuma ce qui, à première vue, semblait être un gros galet jaunâtre. Son excitation crût au point que Mrs Gage dut aller à sa rescousse. A sa stupeur elle s'aperçut que sur tout l'espace qu'ils avaient dégagé s'alignaient de longs rouleaux de ces galets jaunes si bien accolés que c'était toute une affaire de les déplacer. Mais qu'est-ce que cela pouvait bien être? Et pourquoi l'avait-on caché là? Il leur fallut retirer toute la couche du dessus et une pièce de toile huilée pour qu'un spectacle miraculeux s'offrît à leurs yeux : là, rangés comme des pions, magnifiquement polis, brillant d'un bel éclat au clair de lune, il y avait des milliers de souverains tout neufs!

Elle était donc là, la cachette de l'avare, et il avait pris des précautions extraordinaires pour s'assurer que personne ne la découvrirait : d'abord, comme la suite l'avait prouvé, il avait installé le fourneau au-dessus de l'endroit où son trésor était caché, de sorte que personne n'en aurait soupçonné l'existence sans l'incendie; ensuite, il avait enduit les souverains du dessus d'une substance poisseuse et les avait roulés dans la terre, pour que, si jamais on en découvrait un, on le prît pour un banal caillou comme on en voit tous les jours dans son jardin. Ainsi, il avait fallu un extraordinaire concours de circonstances — l'incendie et la sagacité du perroquet — pour déjouer la ruse du vieux Joseph.

Mrs Gage et le perroquet besognaient maintenant de concert et tirèrent enfin le butin — qui comptait trois mille pièces, pas une de plus, pas une de moins — pour le placer dans le tablier étalé sur le sol. Lorsque la trois millième pièce fut placée en haut de la pile, le perroquet prit un essor triomphal et atterrit en douceur sur la tête de Mrs Gage. C'est dans cette position qu'ils retournèrent au cottage de Mrs Ford, fort lentement car, je l'ai dit, Mrs Gage était boiteuse et de surcroît lestée à la limite de ses forces par le contenu de son tablier. Mais elle regagna sa chambre sans que personne s'aperçût de sa visite à la maison en ruine.

Le lendemain, elle s'en retourna dans le Yorkshire. Une fois de plus, Mr Stacey la conduisit à Lewes et fut passablement surpris en découvrant à quel point sa caisse de bois s'était alourdie. Mais il n'était pas homme à poser des questions et il se borna à conclure que les bonnes gens de Rodmell avaient donné à la veuve quelques bricoles pour la consoler d'avoir tout perdu dans ce terrible incendie. Par pure bonté d'âme il lui offrit de lui acheter le perroquet une demi-couronne mais elle refusa avec une telle indignation — elle ne vendrait pas l'oiseau pour tout l'or du monde! — qu'il en conclut que toutes ses misères lui avaient porté au cerveau.

Il ne reste plus qu'à raconter que Mrs Gage rentra sans encombres à Spilsby, qu'elle porta sa petite caisse à la banque et vécut avec James le perroquet et Bourru le chien dans le plus grand confort et le plus grand bonheur jusqu'à un âge fort avancé.

Elle attendit d'être sur son lit de mort pour raconter toute l'histoire au pasteur (fils du révérend Samuel Tallboys), en ajoutant qu'elle était tout à fait sûre que c'était James, le perroquet, qui s'était précipité à dessein dans l'arrière-cuisine et avait mis le feu à la maison en renversant le chauffe-plat où mijotait une bricole pour son dîner lorsqu'il avait compris le danger qu'elle courait sur la berge. Par ce geste, il l'avait sauvée de la noyade, mais aussi il avait fait apparaître les trois mille livres qu'on n'aurait jamais trouvées autrement. Voilà comment on est récompensé, dit-elle, quand on est bon pour les animaux.

Le pasteur pensa qu'elle battait la campagne, mais toujours est-il qu'à l'instant où elle rendit l'âme James, le perroquet, criailla « Y a personne! » et tomba de son perchoir, raide mort. Le chien Bourru, lui, était mort depuis plusieurs années.

Les gens qui passent par Rodmell peuvent encore voir les ruines de la maison brûlée il y a cinquante ans, et l'on raconte souvent qu'en s'y rendant les nuits de lune on peut entendre un perroquet donner des coups de bec sur le parterre de brique ; certains disent y avoir vu une vieille femme assise, en tablier blanc.

Mrs Dalloway dans Bond Street

Mrs Dalloway a déclaré qu'elle achètera les gants elle-même.

Big Ben sonne onze heures quand elle sort dans la rue. Il est onze heures et l'heure neuve est toute fraîche, comme si on l'avait distribuée à des enfants sur une plage. Mais il y a quelque chose de solennel dans ces heures sonnées à la volée, délibérément ; quelque chose de prenant dans le murmure des roues et le glissement des pas.

Assurément, tous ne partent pas pour des courses joyeuses. Dire que nous marchons dans les rues de Westminster ne suffit pas à nous définir. Et que serait Big Ben sinon un fatras de tiges d'acier mangées par la rouille sans l'attention des Monuments historiques ? Seulement, pour Mrs Dalloway, l'instant se suffit à lui-même. Pour Mrs Dalloway, juin est frais. Enfance heureuse ; Justin Parry, son père, était sans doute un magistrat un peu trop indulgent, mais tout le monde (et ses filles !) l'estimait ; les fleurs le soir, la fumée qui monte ; le cri des corneilles qui tombe, qui tombe de si haut dans l'air d'octobre ; rien ne remplace l'enfance ; une feuille de menthe la ramène, une tasse cerclée de bleu.

Pauvres petits, soupire-t-elle en s'avançant. Oh, il va traverser juste sous le nez des chevaux, le petit polisson ! Elle se retrouve sur le bord du trottoir, main tendue, et Jimmy Dawes sourit sur l'autre rive.

Une femme charmante, équilibrée, pleine de goût de vivre ; curieux ces cheveux blancs avec ces joues roses ; ainsi la voit Scope Purvis, compagnon de l'ordre du Bain, qui court à son

bureau. Elle se raidit un peu, elle attend que le camion de chez
Durtnall passe. Big Ben sonne le dixième, puis le onzième coup.
Les cercles de plomb se dissolvent dans l'air. La fierté la fait
marcher le front haut, elle l'héritière, la dispensatrice, qui connaît la discipline et la douleur. Comme les gens souffrent, oui,
comme ils souffrent, se dit-elle en pensant à Mrs Foxcroft hier
soir à l'ambassade, couverte de bijoux, dévorée de chagrin : ce
charmant garçon est mort et maintenant (le camion de chez Durtnall passe) le manoir familial ira à un cousin.

— Je vous salue bien ! », dit Hugh Whitbread devant le maga-
sin de porcelaine ; il soulève son chapeau avec une cérémonie
un peu excessive puisqu'ils sont amis d'enfance. « Où allez-vous
de ce pas ?

— J'adore marcher dans Londres. En fait, c'est plus agréable que de marcher dans la campagne.

— Nous, nous venons d'arriver ; pour consulter, malheureusement.

— C'est Milly ? demande Mrs Dalloway, compatissant
aussitôt.

— Oui, ça ne va pas fort, elle n'est pas dans son assiette. Et
Dick ?

— En pleine forme, dit Clarissa.

Bien sûr, pense-t-elle en passant son chemin. Milly est dans
mes âges, cinquante, cinquante-deux ans, alors ce doit être ça.
Hugh l'a dit tout à fait clairement, à sa façon. Cher Hugh, pense-
t-elle en se rappelant avec amusement, avec gratitude, avec émotion l'embarras de Hugh — c'était un embarras de frère et plutôt mourir que parler à son frère — lorsque, étudiant à Oxford,
il venait leur rendre visite et, que, parfois, l'une d'entre elles
ne pouvait pas faire de cheval (quelle barbe !). Comment les femmes pouvaient-elles siéger à la Chambre ? décider des choses avec
les hommes ? Il y a toujours cet instinct extraordinairement profond, ce quelque chose que l'on porte en soi ; c'est insurmonta-
ble ; rien ne sert d'essayer ; des hommes comme Hugh respectent
cela sans qu'on ait jamais besoin d'en parler et c'est ce qu'on
aime, chez ce cher Hugh.

Elle passe sous l'arc de l'Amirauté et voit à l'extrémité de la route déserte bordée d'arbres grêles les monuments blancs aux rondeurs molles de Victoria, la maternité débordante de Victoria, ses formes généreuses, sa physionomie familière, toujours ridicule et pourtant si sublime, pense Mrs Dalloway au souvenir des jardins de Kensington et de la vieille dame aux lunettes à monture en corne à qui sa nourrice lui avait intimé de faire la révérence toutes affaires cessantes. Le drapeau flotte sur le palais ; c'est donc que le roi et la reine sont de retour. Dick l'a vue l'autre jour à un déjeuner — une femme tout à fait charmante et c'est si important pour les pauvres, et pour les soldats. Un homme de bronze se tient, héroïque, à sa gauche, guerre des Boers, oui, très important, songe Mrs Dalloway en se dirigeant vers Buckingham. Le palais se dresse, quadrilatère simple et sans concessions. Mais c'est cela le caractère. C'est quelque chose qu'on tient de race. C'est ce que les Indiens respectent. La reine va dans les hôpitaux, fait l'ouverture des ventes de charité. La reine d'Angleterre, pense Clarissa en regardant le palais. Malgré l'heure matinale, une automobile sort déjà. Les soldats saluent ; les grilles se referment. Et Clarissa traverse la route pour entrer dans le parc, bien droite.

Juin a fait sortir toutes les feuilles des arbres. Les mères de Westminster aux seins marbrés donnent la tétée à leurs petits. Des jeunes filles tout à fait respectables sont allongées sur l'herbe. Un homme âgé se courbe avec difficulté, ramasse un papier froissé, l'étale et l'envoie promener. Quelle horreur ! Hier soir, à l'ambassade, Sir Dighton a dit : « La main-d'œuvre, ce n'est pas ce qui manque par les temps qui courent, mais la religion a tout de même une autre importance que les affaires économiques. » Elle a trouvé cette idée passionnante de la part d'un homme comme lui. Et il a dit spontanément, en parlant de la mort de Jack Stewart : « Ah, le pays ne saura jamais ce qu'il a perdu. »

Elle grimpe la petite colline sans effort. L'air vibre d'énergie, des messages passent de la Flotte à l'Amirauté. La proximité de Piccadilly, d'Arlington Street et du Mall semble suffoquer jusqu'à l'air du parc et soulever ses feuilles sur les ondes chaudes et brillantes de cette divine vitalité que Clarissa adore. Monter à cheval, danser, elle a adoré tout cela. Et faire de longues promenades dans la campagne, parler des livres lus, de ce qu'il fallait faire de sa vie — car les jeunes sont incroyablement suffisants. Ah, les choses que l'on a pu dire ! Mais on y croyait. Quelle misère que la maturité ! Les gens comme Jack ne le sauront jamais, eux. Il n'a jamais, au grand jamais, pensé à la mort, paraît-il, jamais pris conscience qu'il était mourant. Et maintenant jamais pleurer... quelle est la suite ?... soustrait de notre monde... De sa lente souillure, il ne souffrira pas de voir son cœur vieillir et sa tête blanchir[1]... ont bu leur coupe une ou deux tournées avant[2]... la souillure lente du monde ! Elle se tient bien droite.

Il aurait poussé les hauts cris, Jack ! Citer Shelley à Piccadilly ! Il aurait dit : « Il vous manque une épingle », il avait horreur des femmes mal ficelées. Grand Dieu, Clarissa, Grand Dieu ! Elle l'entend encore à cette soirée à Devonshire House tonner contre la pauvre Sylvia Hunt, son collier d'ambre et sa robe de soie démodée. Clarissa se tient bien droite car elle vient de parler à haute voix et maintenant elle se trouve dans Piccadilly, elle passe devant la maison aux colonnes vertes et élancées avec ses balcons ; elle passe devant les fenêtres du club, pleines de journaux, devant la maison de la vieille Lady Burdett-Cout où pendait autrefois un perroquet de verre blanc ; et Devonshire House sans ses léopards dorés, et le Claridge — ne pas oublier que Dick lui a demandé de laisser sa carte à Mrs Jepson, sinon elle sera partie. Les riches Américaines sont parfois très charmantes. Voici St James's Palace ; on dirait un jeu de construction en brique, et maintenant elle a dépassé Bond Street, elle se trouve au niveau de la librairie Hatchard. Le courant est sans fin, sans fin, sans fin. Lords, Ascot, Hurlingham[3]; qu'est-ce que c'est ? Quel amour ! pense-t-elle en regardant la gravure qui illustre un livre de mémoires étalé dans le bow-window. Reynolds, peut-être, ou bien Romney ; elle est espiègle, radieuse, réservée ; c'est la jeune fille, comme Elizabeth, sa fille chérie, le type même de la jeune fille vraie. Et puis il y a ce livre absurde, *Soapy Sponge*, dont Jim citait des aunes; et les *Sonnets* de Shakespeare. Elle les savait par cœur. Elle avait passé une journée à discuter pied à pied *A une dame brune* avec Phil, et au dîner Dick avait déclaré tout de go qu'il n'avait jamais entendu parler d'elle. En fait, c'est pour cela qu'elle l'a épousé! Il n'avait jamais lu Shakespeare! Il doit bien y avoir un petit livre pas cher pour Milly... Mais oui, *Cranford*! Quoi de plus délicieux que cette vache en jupons? Si seulement les gens avaient cette forme d'humour, de respect humain aujourd'hui! Elle se rappelle les grandes feuilles, les fins de phrase, les personnages — on en parlait comme s'ils existaient. Pour toutes les grandes choses, il faut remonter au passé. Contaminé par la lente souillure du monde... ne crains plus la chaleur du soleil... et maintenant ne plus jamais, ne plus jamais pleurer, répète-t-elle, ses yeux parcourant sans la voir la vitrine; les vers lui trottent dans la tête; c'est à cela que l'on reconnaît la grande poésie; les modernes n'ont jamais rien écrit que l'on ait envie de lire sur la mort; elle tourne le coin.

Les omnibus rejoignent les automobiles, les automobiles les camions, les camions les taxis, les taxis les automobiles. Tiens, une automobile découverte avec une jeune fille toute seule. Debout jusqu'à quatre heures du matin, des fourmis dans les jambes, je connais ça, pense Clarissa, car la jeune fille a l'air épuisée, à moitié endormie dans son coin de voiture après avoir dansé toute la nuit. Et il vient une autre voiture, puis une autre encore. Mais non, mais non, mais non. Clarissa sourit avec bienveillance. Cette grosse dame s'est vraiment mise en frais, mais des diamants, des orchidées! à cette heure du matin! Non, non et non. En temps voulu, cet excellent agent de police va lever la main. Une automobile passe. Mais ce n'est pas seyant du tout! Quelle idée de se charbonner les yeux à un âge aussi tendre! Et un jeune homme avec une jeune fille, à cette heure, quand le pays... L'admirable agent lève la main et Clarissa reconnaît son autorité; elle prend son temps, traverse et se dirige vers Bond Street; elle voit la rue étroite avec ses recoins, les bannières jaunes, la dentelle serrée des fils télégraphiques sur le ciel.

Cent ans auparavant, son arrière-grand-père Seymour Parry, qui avait enlevé la fille Conway, a descendu Bond Street. Les Parry descendaient Bond Street depuis cent ans et ils auraient pu rencontrer les Dalloway (Leigh du côté maternel) qui remontaient. Son père s'habillait chez Hill. Il y avait un rouleau d'étoffe en vitrine. Ici, il n'y a qu'un pot sur une table noire, incroyablement cher, comme le saumon rose épais sur le bloc de glace du poissonnier. Les bijoux sont exquis, des étoiles roses et orangées, de la pâte de verre, espagnole peut-être, des chaînes de vieil or, des boucles de ceinture scintillantes, de petites broches qui ont été portées sur du satin vert océan par des dames en diadème. A quoi bon regarder ! Il faut faire des économies. Il faut qu'elle passe devant le marchand de tableaux où est accrochée une de ces toiles bizarres des Français, on dirait que des gens ont lancé des confettis — rose et bleu — pour s'amuser. Quand on a vécu parmi les tableaux, et c'est vrai aussi pour les livres et la musique, pense Clarissa en longeant l'Aeolian Hall, on ne se laisse pas prendre à ces amusettes-là.

La rivière de Bond Street s'engorge. Là, comme une reine qui trône à un tournoi, se trouve Lady Bexborough. Elle est assise dans sa voiture, toute droite, toute seule, elle regarde derrière ses lunettes. Le gant blanc est lâche à son poignet. Ses vêtements sont noirs, usés, et pourtant, pense Clarissa, comme cela saute aux yeux, l'éducation, le respect humain, jamais un mot de trop, aucune prise aux commérages ; c'est une amie stupéfiante ; personne ne pourrait lui trouver le moindre manquement après toutes ces années, et maintenant elle est là, se dit Clarissa en passant devant la comtesse qui attend poudrée et immobile ; Clarissa donnerait n'importe quoi pour être comme elle, maîtresse de Clarefield, capable de parler politique comme un homme. Mais elle ne sort jamais, à quoi bon l'inviter ? Et la voiture passe, emportant Lady Bexborough comme une reine à un tournoi, alors qu'elle n'a plus rien à attendre de la vie, que le vieux Lord décline et qu'on dit qu'elle est lasse de tout. Quand Clarissa entre dans la boutique, elle en a les larmes aux yeux.

— Bonjour, dit-elle de sa voix charmante. Des gants », dit-elle avec son exquise amabilité; tout en posant son sac sur le comptoir elle se met à déboutonner les siens, très lentement. « Des gants blancs, au-dessus du coude. » Elle regarde la vendeuse bien en face, mais est-ce la jeune femme qu'elle se rappelait? Celle-ci semble vraiment plus âgée. « Les miens ne me vont pas du tout.

La vendeuse les regarde.

— Madame porte des bracelets?

Clarissa tend les doigts.

— A moins que ce ne soit mes bagues?

La vendeuse emporte les gants gris au bout du comptoir.

Oui, se dit Clarissa, si c'est la fille dont je me souviens, elle a pris vingt ans... Il n'y a qu'une autre cliente, assise de trois quarts devant le comptoir, coude en appui, main ballante, yeux dans le vague. On dirait une silhouette sur un éventail japonais, trop vague, peut-être, mais il y a des hommes qui la trouveraient fort à leur goût. La dame secoue la tête tristement. Les gants sont encore trop grands. Elle tourne le miroir.

— Trop larges au poignet, dit-elle d'un ton de reproche à la femme aux cheveux gris, qui en convient après les avoir regardés.

Elles attendent; on entend le tic-tac d'une pendule; Bond Street bourdonne, assourdie, lointaine; la vendeuse s'éloigne avec les gants.

— Au poignet, dit la dame plus fort, d'une voix plaintive.

Il va falloir commander des chaises, des glaces, des tickets de vestiaire, pense Clarissa. Les gens qu'elle n'a pas envie de voir viendront, pas les autres. Elle accueillera les invités à la porte. La boutique vend des bas; des bas de soie. On reconnaît une femme du monde à ses gants et à ses chaussures, disait ce cher oncle William. A travers le voile des bas qui tremble, argenté, elle regarde la dame, l'épaule tombante, la main molle, le sac qui glisse, les yeux fixant sans le voir le plancher. Quelle horreur si des femmes collet monté viennent à sa soirée! Est-ce qu'on aurait aimé Keats s'il avait porté des chaussettes rouges? Ah mais oui... elle se rapproche du comptoir et elle a une illumination.

— Vous vous souvenez, avant guerre, vous aviez des gants à boutons en perle?

— Des gants français, madame?

— Oui, des gants français, en effet, dit Clarissa.

L'autre dame se lève très tristement, prend son sac et regarde les gants étalés sur le comptoir. Mais ils sont tous trop grands, toujours trop larges au poignet.

— Avec des boutons en perle, dit la vendeuse qui paraît si vieillie.

Elle fend des aunes de papier de soie sur le comptoir. Avec des boutons en perle, se dit Clarissa, la simplicité même; c'est bien français.

— Madame a la main si fine, dit la vendeuse en enfilant le gant fermement et en douceur par-dessus les bagues de Clarissa.

Clarissa regarde son bras dans le miroir. Le gant arrive tout juste au coude. Est-ce qu'ils en auraient d'autres plus longs d'un doigt? Mais enfin, quel ennui de déranger cette vendeuse, peut-être juste dans son mauvais jour, le seul où il lui soit insupportable de rester debout.

— Oh, ne vous dérangez pas», dit-elle. Mais les gants arrivent. «Ce doit être épuisant d'être debout toute la journée, dit-elle de sa voix charmante. Quand prenez-vous vos vacances?

— En septembre, madame, quand les affaires sont calmes.

Quand nous sommes à la campagne, pense Clarissa. Ou à la chasse. Elle prend quinze jours qu'elle passe à Brighton. Dans un logement confiné. La propriétaire rationne le sucre. Quoi de plus facile que de l'envoyer chez Mrs Lumley, en pleine campagne. Elle a l'offre sur le bout de la langue, mais il lui revient que pendant leur voyage de noces Dick lui a fait remarquer cette étourderie, cette façon impulsive de donner alors qu'il est bien plus important de nouer des relations commerciales avec la Chine. Il a eu raison, bien sûr. D'ailleurs, elle sent bien que cette femme n'aimerait pas qu'on lui fasse des cadeaux. Ici, elle est à sa place. Dick aussi. C'est son travail de vendre des gants. Elle a ses chagrins, bien à elle, «et maintenant jamais pleurer», les mots lui trottent dans la tête. «De sa lente souillure, il ne souffrira pas... » pense Clarissa en tenant son bras raide, car il y a des moments où cela semble si futile (le gant lui est retiré, laissant son avant-bras tout tacheté de poudre), seulement, voilà, on ne croit plus en Dieu.

La circulation rugit soudain, les bas de soie s'éclairent. Une cliente entre.

— Des gants blancs, dit-elle.

Le timbre de sa voix dit quelque chose à Clarissa. Autrefois, c'était si simple. Le cri des corneilles tombait, tombait du haut du ciel. Lorsque Sylvia est morte, il y a des siècles, les haies d'yeuses étaient si jolies avec leurs toiles de diamant dans la brume avant la première messe. Mais, si Dick devait mourir demain, pour ce qui est de croire en Dieu... non, elle laisserait les enfants choisir, mais elle ferait comme Lady Bexborough qui a, paraît-il, ouvert la vente de charité avec à la main le télégramme lui annonçant que Roden, son préféré, s'était fait tuer ; oui, elle continuerait. Mais pourquoi, si l'on n'est pas croyant ? Pour les autres, pense-t-elle en prenant le gant dans sa main. Cette fille serait bien plus malheureuse si elle n'était pas croyante.

— Trente shillings, madame, dit la vendeuse. Non, je vous prie de m'excuser, madame, trente-cinq, les gants français sont plus chers.

Car on ne vit pas pour soi, pense Clarissa.

L'autre cliente prend un gant, tire dessus et il se déchire.

— Et voilà, s'exclame-t-elle.

— Un défaut de la peausserie, dit précipitamment la vendeuse aux cheveux gris. Quelquefois, il tombe une goutte d'acide pendant qu'on tanne. Essayez cette paire-ci, madame.

— Mais tout de même, deux livres dix, c'est du vol !

Clarissa regarde la dame, la dame regarde Clarissa.

— Les gants n'ont plus la qualité d'avant-guerre, dit la vendeuse d'un ton d'excuse à Clarissa.

Mais où a-t-elle déjà vu cette dame ? Plus toute jeune, un chemisier à jabot, un ruban noir où pendent ses bésicles ; sensuelle, intelligente comme un dessin de Sargent[4]. Comme cela s'entend dans leur voix lorsque les gens ont l'habitude de se faire obéir.

— Un tout petit peu trop serré, dit cette voix.

La vendeuse repart. Clarissa doit attendre. Ne crains plus, répète-t-elle en pianotant sur le comptoir, ne crains plus la chaleur du soleil. Ne crains plus, répète-t-elle. Elle a de petites taches brunes sur le bras. Cette vendeuse se déplace à la vitesse d'un escargot. Quoique ta tâche humaine soit accomplie. Des milliers de jeunes gens sont morts pour que les choses puissent continuer... Ah, tout de même! un centimètre au-dessus du coude; des boutons en perle; du cinq un quart. Vous vous hâtez avec lenteur, ma chère, pense Clarissa, vous croyez vraiment que je n'ai que ça à faire de ma matinée? Et maintenant vous allez mettre vingt-cinq minutes pour me rapporter ma monnaie!

Il y a une explosion violente dans la rue. Les vendeuses se cachent derrière les comptoirs. Mais Clarissa, assise bien droite, sourit à l'autre dame.

— Miss Anstruther! s'exclame-t-elle.

Le bonheur

Stuart Elton se penche pour retirer d'une pichenette un fil blanc sur son pantalon, et ce geste banal, accompagné qu'il est d'une coulée, d'une avalanche de sensations, lui paraît être la chute d'un pétale de rose : en se redressant pour reprendre sa conversation avec Mrs Sutton, Stuart Elton sent qu'il est tout entier fait de pétales compacts, serrés et touffus, teintés, rougis, embrasés tous de cette luisance inexplicable. Si bien que, quand il se penche, un pétale tombe. Dans sa jeunesse, il n'a pas connu cela, non. Maintenant, à quarante-cinq ans, il lui suffit d'envoyer promener un fil d'une pichenette, et voilà que l'envahissent tout entier cette magnifique harmonie de la vie, cette coulée, cette avalanche de sensations, ce sentiment d'unité lorsqu'il se relève, rééquilibré. Mais que disait-elle donc ?

Mrs Sutton (qui sillonne à son corps défendant les semailles et les moissons de la trentaine) disait que les directeurs de théâtre lui écrivent, lui accordent même des rendez-vous mais que rien n'aboutit jamais. Ce qui rend les choses si difficiles, c'est qu'elle n'a aucune relation dans les milieux du spectacle, son père et toute sa famille étant des gens de la campagne. (C'est à ce moment-là que Stuart Elton a fait sauter ce fil blanc.) Elle se tait ; elle se sent rejetée. Oui, Stuart Elton a ce qui lui manque ; elle l'a senti quand il s'est penché. Et, lorsqu'il s'est relevé, elle s'est excusée : elle parle trop d'elle.

— Vous me paraissez de loin l'être le plus heureux que je connaisse, ajoute-t-elle.

Cela s'accorde singulièrement avec ce qu'il était en train

d'éprouver à l'instant : le doux flot de la vie dans son être, son retour à l'équilibre, cette perception du pétale qui tombe et de la rose tout entière. Mais est-ce le bonheur ? Non, c'est un trop grand mot pour ce blottissement de paillettes rosées autour d'une lumière vive. En tout cas, dit Mrs Sutton, de tous ses amis, c'est bien lui qu'elle envie le plus. Il semble avoir tout, elle rien. Ils font leurs comptes : ils ne sont dans le besoin ni l'un ni l'autre ; elle a un mari, des enfants ; lui est célibataire ; elle a trente-cinq ans, lui quarante-cinq ; elle n'a jamais été malade de sa vie, lui, à l'en croire, souffre le martyre de troubles intestinaux — il a des envies de langouste à longueur de journée et la langouste lui est strictement interdite. Et voilà, s'exclame-t-elle comme si elle avait mis le doigt sur la question. Même de sa maladie il faut qu'il plaisante ! Est-ce que c'est la part des choses ? un sens de leur relativité, peut-être ? Mais quoi donc ? demande-t-il, tout en sachant parfaitement de quoi elle parle ; il se soucie peu d'être bousculé, attaqué, mis à mal par cette vandale avec sa brusquerie, ses griefs, sa vigueur : elle serait bien capable de faire choir, de détruire ce bien précieux, ce sentiment d'être... Deux images lui viennent aussitôt à l'esprit, drapeau dans la brise, truite dans la rivière, porté bien d'aplomb dans un courant de sensations propres, vives, fraîches, translucides, aiguisées, heurtées, qui, comme l'air ou la rivière, le maintiennent bien droit, de sorte que s'il bouge une main, s'il se penche en avant ou dit quelque chose, il déstabilise la pression de ces innombrables atomes de bonheur qui se referment pour le redresser.

— Vous ne prenez rien au sérieux, dit Mrs Sutton. Rien n'a de prise sur vous, dit-elle encore à tâtons, gauche, par touches successives, au coup par coup, comme on ajoute du mortier ici et là pour faire tenir des briques, tandis que lui demeure muet, cryptique, sur la réserve tout à fait.

Elle essaie de lui extorquer un indice, une clef, un guide ; elle l'envie, elle lui en veut, elle se dit que si elle, avec sa richesse émotive, sa passion, ses capacités, ses dons, avait en plus ce quelque chose, alors, oui, elle pourrait rivaliser avec Mrs Siddon[1] ! Il refuse de le lui dire. Il faut absolument qu'il le lui dise.

— Je suis allé à Kew Gardens cet après-midi, dit-il en pliant le genou pour donner une nouvelle pichenette (non pas qu'il y ait un fil blanc, mais il veut s'assurer par ce geste que sa machine fonctionne, et en effet).

Poursuivi par des loups dans une forêt, on déchirerait des petits bouts de vêtement, on émietterait des biscuits pour les jeter aux pauvres bêtes, et on se sentirait presque — presque — à l'abri, en sécurité dans son grand traîneau si rapide.

Tandis que la horde de loups affamés qui le poursuit se fait les dents sur un petit morceau de biscuit — les mots « Je suis allé à Kew Gardens cet après-midi » —, Stuart Elton les laisse sur place pour filer à Kew, au lac, à la rivière, aux magnolias, main levée pour les tenir en respect. Parmi eux (car maintenant le monde lui paraît peuplé de loups hurlants), il revoit les gens qui l'ont invité à dîner, invitations tantôt acceptées tantôt déclinées, et il se rappelle le sentiment qu'il a eu là, sur son coin d'herbe au soleil ; un sentiment de maîtrise : c'était aussi simple que de balancer sa canne, il pouvait choisir, aller où bon lui semblait, casser un biscuit en morceaux et les jeter aux loups, lire ceci, regarder cela, sortir avec tel ou telle, atterrir chez un homme de bonne compagnie.

— A Kew Gardens tout seul ? répète Mrs Sutton. Sans personne ?

Ah, le loup lui jappe aux oreilles. Ah, soupire-t-il comme il l'a fait cet après-midi au bord du lac, près d'une femme qui brodait de l'étoffe blanche tandis que des oies se dandinaient, car il a soupiré en songeant au passé devant l'image familière d'un couple d'amoureux bras dessus bras dessous : là où il y a aujourd'hui cette paix et cette santé, il y a eu autrefois ruine, orage, désespoir ; et Mrs Sutton le lui rappelle ; seul, oui, tout seul ; mais il se reprend comme il s'est repris alors : en saisissant ce... ce quelque chose d'indéfinissable, il l'a serré très fort et il a passé son chemin, plein de pitié pour ces jeunes gens.

— Tout seul, reprend Mrs Sutton.

Être heureux tout seul, voilà ce qui la dépasse, dit-elle dans un flot désespéré de chevelure d'un brun brillant.

— Oui, dit-il.

Dans le bonheur, il y a toujours cette exaltation terrible. Ce n'est pas de la bonne humeur; du ravissement; cela ne vient pas des éloges du monde, de la renommée, de la santé (deux miles à pied l'épuisent); c'est un état mystique, une transe, une extase qui, tout athée qu'il soit, sceptique, pas baptisé ni rien, a, il le soupçonne, quelque affinité avec l'extase qui fait entrer les hommes en religion et qui envoie des femmes dans la fleur de l'âge courir les rues avec des coiffes tuyautées comme des cyclamens[2] sur la tête, lèvres serrées, yeux pétrifiés. A ceci près que leur extase les emprisonne alors que la sienne le libère; elle le libère de toute dépendance vis-à-vis d'un être ou d'un objet.

Mrs Sutton le sent bien, elle aussi; elle se tait, elle attend qu'il parle.

Mais oui, il va arrêter son traîneau, descendre, laisser la horde s'approcher et il flattera les pauvres museaux avides.

— C'était charmant, Kew, toutes ces fleurs, des magnolias, des azalées.

Il ne se rappelle jamais les noms, lui dit-il.

Rien que les loups puissent détruire, non. Mais, si cela vient de manière aussi inexplicable, cela peut partir de même, s'est-il dit en quittant les jardins pour longer la rive jusqu'à Richmond, car enfin une branche pourrait tomber, la couleur changer, le vert virer au bleu, une feuille frissonner et il n'en faudrait pas plus, non, pas plus, pour briser, fracasser, détruire irrémédiablement cette chose stupéfiante, ce miracle, ce trésor qui est le sien, l'a été, l'a toujours été et devrait toujours l'être, pense-t-il, anxieux, fébrile; et, sans se soucier de Mrs Sutton, il la plante là et traverse la pièce pour aller chercher un coupe-papier. Oui, tout va bien. Il l'a toujours.

Ancêtres

Jack Renshaw fait cette remarque sotte et assez prétentieuse que les matchs de cricket l'ennuient et Mrs Vallance se dit qu'il faut qu'elle attire son attention d'une façon ou d'une autre, qu'elle lui fasse comprendre, à lui et à tous les autres jeunes gens qu'elle voit, d'ailleurs, ce que son père aurait répondu ; à quel point son père et sa mère, et elle-même d'ailleurs, étaient différents de ce monde-ci ; à quel point, comparé à des hommes et des femmes simples et réellement dignes comme son père et sa chère maman, c'est ce monde-ci qui lui paraît insignifiant.

— Nous sommes tous là à étouffer dans cette pièce, dit-elle brusquement. Quand, au pays, chez moi, en Écosse », car elle se doit de dire, de faire comprendre à tous ces jeunes sots — au reste tout à fait charmants quoique un peu gringalets — ce que son père, ce que sa mère et d'ailleurs ce qu'elle-même, qui est comme eux au fond de son cœur, éprouvaient, «...

— Vous êtes écossaise ? s'enquiert-il.

C'est donc qu'il ne sait pas qui était son père, il ne sait pas qu'elle est la fille de John Ellis Rattray et de Catherine Macdonald.

Mr Renshaw dit qu'il a fait étape à Édimbourg, un soir.

Un soir à Édimbourg ! Quand c'est là — et à Elliotshaw, aux marches du Northumberland — qu'elle a passé toutes ces années extraordinaires. C'est là qu'elle a couru bride sur le cou parmi les groseilliers ; que venaient les amis de son père, et que, tout enfant qu'elle était, elle a entendu la conversation la plus extraordinaire de son temps. Elle les voit encore, son père, Sir Duncan

Clements, Mr Rogers (qui incarne à ses yeux le sage grec) assis sous le cèdre ; l'après-dîner sous les étoiles. Ils abordent tous les sujets possibles et imaginables, lui semble-t-il aujourd'hui ; ils ont l'esprit trop large pour moquer qui que ce soit. Ils lui ont appris à révérer la beauté. Qu'y a-t-il de beau dans cette pièce londonienne où l'on étouffe ?

— Pauvres fleurs ! s'exclame t-elle.

On est effectivement en train de piétiner des pétales froissés, un ou deux œillets ; mais elle aime presque trop les fleurs, aussi. Sa mère les adorait : depuis qu'elle est tout enfant, on lui a fait sentir qu'abîmer une fleur, c'est abîmer ce qu'il y a de plus exquis dans la nature. Elle a toujours eu une passion pour la nature ; les montagnes, la mer. Ici, à Londres, on regarde par la fenêtre et l'on voit des maisons, encore et toujours — des êtres humains empilés les uns sur les autres dans de petites boîtes. C'est une atmosphère dans laquelle elle ne pourrait jamais vivre, pour sa part. Elle ne supporterait pas de marcher dans Londres et de voir les enfants jouer dans les rues. Elle est peut-être trop sensible ; la vie serait impossible si tout le monde était comme elle, mais quand elle pense à sa propre enfance, son père, sa mère, toute la beauté et l'attention qui leur ont été prodiguées...

— Quelle robe ravissante ! dit Jack Renshaw.

Un jeune homme qui remarque comme les femmes sont mises, c'est d'un déplacé !

Son père était plein de révérence pour les femmes mais il n'aurait jamais fait attention à ce qu'elles portaient. Et, de toutes ces jeunes filles, pas une que l'on pourrait dire belle — belle comme elle se rappelle sa mère, sa chère maman pleine de majesté, qui ne semblait jamais changer de mise, hiver comme été, qu'ils aient du monde ou fussent entre eux, mais qui portait la dentelle avec un tel naturel, et la coiffe lorsqu'elle a vieilli. Une fois veuve, elle s'est mise à passer son temps parmi ses fleurs, on aurait dit qu'elle était plus proche de ses fantômes que de son entourage, à rêver du passé, qui est, pense Mrs Vallance, tellement plus réel que le présent, d'une certaine manière. Mais pourquoi ? Ma vraie vie est dans le passé, avec ces hommes, ces femmes extraordinaires ; eux me connaissent ; eux seuls (elle pense au jardin étoilé, aux arbres, au vieux Mr Rogers, à son père, fumant dans sa veste de lin blanc) me comprenaient. Elle sent ses yeux se creuser et se liquéfier comme à l'approche des larmes ; elle est là, dans le salon de Mrs Dalloway, et ce ne sont pas ces gens, ces fleurs, cette foule bavarde qu'elle regarde ; c'est elle, cette petite fille qui un jour partira si loin ; elle cueille des alysses, elle veille dans le grenier qui sent le pin, elle lit des histoires, de la poésie. Elle a lu tout Shelley entre douze et quinze ans, et elle en récite à son père, mains derrière le dos, pendant qu'il se rase. Les larmes enfouies au fond de sa tête lui montent lorsqu'elle regarde cette image d'elle-même, et qu'elle ajoute la souffrance d'une vie (car elle a souffert atrocement ; la vie lui est passée dessus comme une roue ; la vie n'a pas été ce qu'elle croyait alors, la vie ressemble à cette soirée) à l'enfant debout là, qui récite Shelley, ses yeux noirs passionnés — que ne verront-ils pas, plus tard, ses yeux. Et il n'y a que ces gens, morts aujourd'hui, reposant au loin dans la tranquille Écosse, qui l'aient connue, qui aient su ce qu'elle aurait pu devenir — les larmes se rapprochent car elle pense à cette petite fille en robe de coton ; comme elle a de grands yeux noirs ; comme elle est belle lorsqu'elle répète l'*Ode au vent d'ouest* ; que son père est fier d'elle, qu'il est remarquable, et sa mère aussi, qu'elle est pure, bonne, douée auprès d'eux, elle a en elle toutes les ressources du monde. S'ils avaient vécu, si elle était restée avec eux dans ce jardin (où il lui semble aujourd'hui avoir passé toute son enfance et c'est toujours l'été sous le firmament, ils sont toujours assis sous le cèdre à fumer, sauf qu'on dirait que sa mère rêve toute seule sous sa coiffe de veuve, parmi ses fleurs — et que les vieux domestiques sont gentils et polis, Andrewes le jardinier, Jersy la cuisinière ; et Sultan, le vieux terre-neuve ; et la vigne, et la mare, et la pompe —, et Mrs Vallance, altière, caustique, féroce, compare sa vie à celle des autres), si la vie avait pu continuer ainsi indéfiniment, alors, elle en a le sentiment, rien de tout ce qu'elle a sous les yeux — ce Jack Renshaw et cette jeune fille dont il admire le vêtement — n'aurait jamais existé, et elle aurait été, ah, tout à fait heureuse, et bonne, au lieu de quoi il lui faut subir un jeune homme qui dit — elle en rit avec une manière de dérision, et pourtant elle a les larmes aux yeux — qu'il s'ennuie à périr devant un match de cricket.

Présentations

Lily Everit voit Mrs Dalloway se diriger vers elle depuis l'autre bout de la pièce ; si elle pouvait, elle la prierait de ne pas venir la déranger ; pourtant, lorsque Mrs Dalloway approche, en levant la main droite avec un sourire qui (Lily le sait, bien que ce soit sa première soirée) signifie : « Mais ne restez pas dans votre coin, venez bavarder », un sourire tout à la fois bienveillant et comminatoire, elle éprouve un très curieux mélange d'excitation et de peur, de désir d'être laissée tranquille et de soif d'être entraînée, précipitée dans l'ébullition des grandes profondeurs. Mais Mrs Dalloway se fait intercepter, arrêter par un vieux monsieur à moustache blanche, ce qui donne deux minutes de répit à Lily Everit pour se raccrocher à elle-même, comme le naufragé à un espar, pour déguster comme un verre de bon vin le souvenir de son mémoire sur la personnalité de Jonathan Swift, mémoire auquel le professeur Miller a accordé ce matin trois étoiles rouges : de premier ordre. De tout premier ordre, se répète-t-elle, mais le cordial n'a plus la force qu'il avait tout à l'heure, lorsque sa sœur mettait la dernière main à sa toilette en compagnie de Mildred, la bonne, devant le long miroir (faux pli en moins, touche de rose en plus). Car leurs mains se déplaçaient sur sa personne, mais elle avait la sensation qu'elles ne faisaient qu'effleurer plaisamment la surface et qu'au-dessous demeurait intact, tel un bloc de métal luisant, son mémoire sur Swift ; tous leurs compliments lorsqu'elle est descendue attendre son cab dans l'entrée — Rupert est sorti de sa chambre pour lui dire qu'elle était superbe — n'ont fait qu'émouvoir la surface, passer comme une brise sur ses rubans. La vie se divise (cela, elle en est sûre) entre la réalité, ce mémoire, et la fiction, cette sortie ; entre roc et vague, pense-t-elle sur le chemin, avec une telle intensité qu'elle les verra toujours inextricablement mêlées, la vérité et sa propre image, reflet blanc dans le dos noir du chauffeur : instant de vision. Puis elle est entrée dans cette maison et, sitôt qu'elle a vu tout ce monde monter et descendre les escaliers, le bloc dur de son mémoire sur Swift s'est dérobé, s'est mis à fondre sans qu'elle puisse le retenir, et tout son être (fini le diamant acéré qui fend en deux le cœur de la vie) s'est transformé en une nébuleuse d'alarmes, d'appréhension et de défensive et elle s'est sentie aux abois dans son coin. C'était donc là ce monde dont on parle tant.

En regardant autour d'elle, elle a caché d'instinct son cher mémoire, elle a tellement honte à présent, elle est si déconcertée ; mais elle s'est tout de même mise sur la pointe des pieds, elle a tenté d'accommoder sa vision, elle a tenté de ramener à de justes proportions (car celles qu'elle connaissait jusque-là sont des erreurs grossières) ces objets qui vont tantôt s'amenuisant et tantôt grossissant (comment les nommer ? des gens ? des impressions de la vie des gens ?) et qui semblent la menacer, la terrasser, tout liquéfier pour ne plus lui laisser — mais, cela elle n'y renoncera pas — que le pouvoir d'être aux abois. A présent, Mrs Dalloway, qui a gardé la main à demi levée, qui a signifié par la façon dont elle l'agitait en parlant : « Je ne vous oublie pas, je suis retenue par ce vieux soldat », Mrs Dalloway lève de nouveau le bras sans équivoque, vient droit sur elle et dit à cette charmante jeune fille timide, teint pâle, yeux clairs, cheveux bruns poétiquement noués tout autour de la tête, corps menu dans une robe qui semble prête à glisser :

— Venez que je vous présente.

Et puis elle hésite, il lui revient que Lily est l'intellectuelle de la famille, qu'elle lit de la poésie ; alors elle cherche un jeune homme, un qui arrive d'Oxford, qui aura tout lu et saura parler de Shelley. Et, tenant Lily Everit par la main, elle la mène auprès d'un groupe où il y a des jeunes gens en train de parler, et Bob Brinsley. Lily Everit, un peu à la traîne, se laisse guider par Mrs Dalloway, on dirait un voilier fantasque qui fait la révérence dans le sillage d'un vapeur, et elle a le sentiment que tout va se passer maintenant, qu'il n'y a plus rien à faire, que rien ne l'empêchera (si seulement on pouvait en finir tout de suite) d'être jetée dans un tourbillon dont elle ne sait s'il sera sa perte ou son salut. Mais qu'est-ce donc que ce tourbillon ?

Ah, un million de choses, toutes distinctes pour elle : l'abbaye de Westminster, ces immeubles incroyablement hauts et solennels qui les entourent, le fait d'être une femme. Peut-être est-ce ce qui ressort, ce qui marque le plus ; c'est la robe bien sûr, mais aussi tout le code de menue chevalerie de salon — avec tout cela, elle a le sentiment qu'elle vient de sortir de sa chrysalide pour être proclamée ce que dans l'obscurité confortable de l'enfance elle n'avait jamais été, cette frêle, cette ravissante créature devant laquelle les hommes s'inclinent, cette créature limitée, circonscrite, qui ne peut pas faire ce qui lui plaît, ce papillon à tant de facettes, au beau plumage délicat, qui connaît des difficultés, des sensibilités, des tristesses sans nombre : une femme.

En traversant la pièce avec Mrs Dalloway, elle accepte le rôle qui lui échoit à présent, et naturellement, comme un soldat fier de servir dans une arme ancienne et illustre, elle en fait un peu trop ; elle est un peu empruntée dans sa belle toilette, ses chaussures étroites, sa chevelure bouclée et enroulée, elle est un peu gênée par l'empressement avec lequel, si elle laisse tomber son mouchoir (cela s'est produit), les hommes le ramasseront ; voilà qui accentue cette afféterie, ce maintien artificiel qui ne lui ressemblent pas, en somme.

Ce qui lui ressemble plus, c'est de courir à toute allure et de méditer lors de longues promenades solitaires, d'escalader des claies, de marcher dans la boue, et, dans le brouillard, le rêve, l'extase de la solitude, de voir le vol du pluvier, surprendre les lapins, assister par hasard, au cœur des bois ou des marais solitaires, à de petites cérémonies sans public, de découvrir les rites secrets, la beauté pure qu'offrent les scarabées, le muguet, les feuilles mortes et les étangs calmes sans se soucier de ce que les humains pensent d'eux : de quoi la ravir, l'émerveiller jusqu'à ce qu'il lui faille s'appuyer au montant du portail pour reprendre ses esprits — c'était tout ce à quoi, jusqu'à ce soir, elle se reconnaissait, s'aimait, ce par quoi elle se glissait dans le cœur de son père, de sa mère, de ses frères et sœurs; et cette autre elle vient d'éclore en dix minutes, et avec elle tout son monde, si différent, si étrange; les tours de Westminster, les hauts immeubles stricts, la conversation; cette civilisation, se dit-elle à la traîne derrière Mrs Dalloway, ce mode de vie bien réglé, qui lui tombe sans violence sur le cou comme un joug inébranlable, venu des cieux, énoncé que l'on ne saurait contredire. Lorqu'elle jette un coup d'œil à son mémoire, les trois étoiles ternissent et s'effacent, mais paisibles, mais pensives, comme si elles cédaient à la pression d'une force incontestable, à la conviction qu'il ne lui appartient pas de dominer ou d'affirmer, mais plutôt de faire valoir, d'embellir cette vie bien ordonnée où tout est fait déjà, hautes tours, cloches solennelles, appartements construits brique par brique, églises, parlements même, à la sueur des hommes — jusqu'aux fils télégraphiques qui quadrillent le ciel, se dit-elle en passant devant la fenêtre. Qu'a-t-elle à opposer à ce monumental accomplissement masculin? un mémoire sur Swift! Et lorsqu'elle parvient à la hauteur du groupe que Bob Brinsley domine (talon sur le pare-feu, tête rejetée en arrière) avec son grand front honnête, son assurance, son raffinement, son honneur, sa robustesse et sa santé, son hâle, sa désinvolture, lui le descendant direct de Shakespeare, que pourrait-elle faire d'autre que jeter son mémoire et d'ailleurs tout son être à ses pieds, comme un manteau à fouler, une rose à tirer. Et elle le fait, de façon appuyée, lorsque, sans lâcher sa main comme pour la sauver lors de l'épreuve suprême, Mrs Dalloway les présente en ces termes :

— Mr Brinsley — Miss Everit, vous adorez Shelley tous deux.

Mais comparé à l'amour de Bob Brinsley pour Shelley, celui de Lily, que vaut-il?

En faisant ces présentations, Mrs Dalloway a éprouvé l'émoi absurde qu'elle éprouve toujours au souvenir de sa jeunesse;

des jeunes gens se rencontrent par son intermédiaire et voilà allumé, comme par le frottement de l'acier sur le silex (elle les a bien sentis se raidir tous deux), le plus beau, le plus ancien de tous les feux ; car elle a vu l'expression de Bob Brinsley, quand il serrait la main de la jeune fille, passer de l'indifférence à la politesse conventionnelle puis à la cérémonie, ce qui annonce, songe Clarissa, la tendresse, la bonté et l'attention envers les femmes, latentes chez tout homme et qui lui font toujours venir les larmes aux yeux ; et elle s'est même émue plus profondément encore d'avoir vu chez Lily cette expression de timidité, de surprise, qui est bien l'expression la plus seyante à un visage de jeune fille ; un homme éprouve ces sentiments pour une femme, une femme pour un homme, et de ce contact jaillissent tous ces espoirs, ces épreuves, ces souffrances, cette joie profonde et cette fermeté d'âme devant l'adversité, et Clarissa se dit que l'humanité a le cœur tendre et que sa vie à elle (présenter des jeunes gens lui rappelle toujours sa rencontre avec Richard) est bienheureuse entre toutes. Et elle va vers d'autres invités.

Mais, pense Lily Everit, mais... mais... mais quoi ?

Rien du tout, se hâte-t-elle de répondre en étouffant en douceur son instinct aiguisé[1]. Et elle dit qu'en effet elle aime lire.

— Et vous écrivez, j'imagine ? des poésies sans doute ? dit-il.

— Non, des mémoires.

Elle ne veut pas que cette horreur s'empare d'elle. Les églises, les parlements, les appartements et même les fils du télégraphe sont tous œuvres des hommes, et ce garçon descend en droite ligne de Shakespeare. Il ne faut pas que cette terreur, ce soupçon qu'il y a autre chose s'empare d'elle, flétrisse ses ailes et la condamne à la solitude. Mais, tout en se disant cela, elle le voit — comment mieux dire ? — tuer une mouche. Il arrache les ailes d'une mouche, debout là, pied contre le pare-feu, tête rejetée en arrière, il parle de lui avec assurance, avec arrogance, mais elle ne lui en tiendrait pas rigueur si seulement il ne faisait pas de mal aux mouches.

Après tout, pourquoi pas, se dit-elle en étouffant nerveusement cette pensée, pourquoi pas puisqu'il est la merveille de la création ? Adorer, orner, embellir, telle est sa tâche à elle, et être adorée aussi, ses ailes sont faites pour. Seulement il parle, seulement il regarde, seulement il rit ; ses mains robustes et intelligentes arrachent les ailes d'une mouche et elle le voit faire, elle ne peut pas se le cacher. Mais il est nécessaire qu'il en aille ainsi, raisonne-t-elle en pensant aux églises, aux parlements, aux immeubles, si bien qu'elle tâche de se tapir, de se faire toute petite, de bien serrer ses ailes sur son dos. Mais... qu'est-ce que c'est, pourquoi ? Malgré tous ses efforts, son mémoire sur Swift devient de plus en plus encombrant ; les trois étoiles ont retrouvé leur couleur, seulement elles ne sont plus claires et brillantes, mais troubles, tachées de sang, comme si cet homme, cet excellent Mr Brinsley, qui vient d'arracher les ailes d'une mouche en parlant (de lui, de son mémoire à lui et même, pour s'en moquer, d'une jeune fille là-bas), avait fait peser des nuages sur la légèreté de son être, l'avait plongée dans la confusion à jamais, comme s'il avait flétri ses ailes : lorsqu'il s'est détourné d'elle, il lui a fait penser aux tours et à la civilisation avec horreur, et le joug qui est tombé du ciel sur sa nuque l'a écrasée ; elle éprouve ce qu'éprouverait une pauvresse nue réfugiée dans un jardin ombreux, qui s'entendrait mettre à la porte et répondre que, non, il n'y a pas de sanctuaires ni de papillons dans ce monde. Et cette civilisation, avec ses églises, ses parlements et ses appartements, cette civilisation dépend de moi, se dit Lily Everit en acceptant les aimables compliments de la vieille Mrs Bromley sur sa tournure ; et la vieille Mrs Bromley dira plus tard que, comme tous les Everit, Lily « a l'air de porter le monde sur ses épaules ».

Mélodie simple

Le tableau, c'est un de ces paysages que le public non averti croit avoir été peints du temps que la reine Victoria était toute jeune et que les demoiselles à la mode portaient des capotes de paille en forme de seau à charbon. Les ans ont usé les traces du pinceau et les irrégularités de la peinture, et la toile semble recouverte d'une fine couche de vernis lisse comme de la laque, ici du bleu le plus pâle, là de l'ombre la plus brune. Le tableau représente une lande ; il est très beau.

C'est du moins l'opinion de Mr Carslake car, visible du coin où il se trouve, il a le pouvoir de mettre de l'ordre et de la quiétude dans son esprit. Il semble ramener le reste de ses émotions — éparses et mêlées qu'elles sont dans une soirée comme celle-ci — à de plus justes proportions. On dirait qu'un violoneux exécute une vieille chanson anglaise bien tranquille tandis que les uns et les autres jouent à des jeux de hasard, font des acrobaties, jurent, vident les goussets, repêchent les noyés, et se livrent à des tours de force ahurissants mais parfaitement gratuits. Il serait bien incapable de ces démonstrations, lui. Tout ce qu'il sait dire, c'est qu'on s'ennuie ferme à Wembley[1], qu'il ne croit pas que ce soit une réussite, des platitudes de cet ordre. Miss Merewether n'écoute pas ; d'ailleurs pourquoi écouterait-elle ? Elle joue son rôle, elle exécute un ou deux sauts périlleux sans grâce, c'est-à-dire qu'elle saute de Wembley à la reine Mary[2], qu'elle trouve sublime. En fait, elle n'en pense pas un mot, évidemment. Mr Carslake s'en assure en regardant le tableau de la lande. Tous les êtres humains sont très simples, au fond d'eux-mêmes, se dit-il. Mettez sur cette lande Miss Merewether, la reine Mary et lui-même; c'est la fin de la journée, le soleil est couché; il leur faut rentrer à Norwich. Bientôt, ils parleront tous très naturellement, il n'en doute pas un instant.

Quant à la nature, peu de gens l'aiment plus que lui. S'il se promenait avec la reine Mary et Miss Merewether, il se tairait souvent; et elles aussi, il en est sûr; ils entreraient, calme dérive (il regarde de nouveau le tableau) dans cet univers heureux, bien plus sévère et bien plus exalté que le leur, tellement plus simple aussi.

Il en est là de ses pensées quand il voit Mabel Waring partir, dans sa jolie robe jaune[3]. Elle a l'air agité, l'expression contrainte, le regard fixe, malheureux, malgré l'entrain qu'elle affiche.

Pourquoi est-elle malheureuse? Il regarde de nouveau le tableau. Le soleil est couché mais pas depuis longtemps, puisque les couleurs sont toujours aussi vives; il vient de disparaître derrière la hauteur brune. La lumière est flatteuse, il imagine que Mabel Waring est avec lui et la reine, et Miss Merewether, sur le chemin de Norwich. Ils parlent de la route, de la distance. Ils disent s'ils aiment ce type de paysage, s'ils ont faim, ce qu'ils vont manger au dîner. C'est une conversation naturelle. Stuart Elton lui-même — Mr Carslake le voit là tout seul prendre un coupe-papier et le regarder de façon très bizarre[4] —, Stuart Elton lui-même, s'il était sur la lande, le laisserait tomber, ce coupe-papier, il l'enverrait promener. Car au fond de lui, quoique en pensent ceux qui le voient d'un œil superficiel, Stuart est le plus gentil, le plus simple des hommes; il se contente très bien de vagabonder le jour durant en compagnie de gens obscurs comme lui, Carslake, et cette bizarrerie — on pourrait croire qu'il y a quelque affectation à tenir à la main un coupe-papier en écaille en plein milieu d'un salon — n'est qu'un petit travers. Lorsqu'ils arriveront sur la lande et prendront le chemin de Norwich, ils diront : « Les semelles de caoutchouc c'est tout de même autre chose. — Mais ça ne tire pas le pied? — Oui... non. Sur l'herbe, comme ici, c'est l'idéal. — Oui, mais sur du trottoir ? » Et puis les chaussettes et les fixe-chaussettes ; les vêtements d'homme ; les vêtements de femme. Enfin, il y a des chances que chacun parle de ses habitudes une bonne heure, le tout avec la plus grande liberté, la plus grande aisance, de sorte que si lui — ou Mabel Waring, ou Stuart, ou ce type à l'air fâché, avec sa moustache en brosse à dents, qui semble ne connaître personne[5] — veut expliquer les théories d'Einstein ou faire une remarque tout à fait personnelle peut-être (il a vu le cas se produire), cela viendra tout seul.

C'est un très beau tableau. Comme tous les paysages, il engendre la mélancolie, parce que la lande survivra aux hommes si longtemps ; mais cette tristesse est si clairement ennoblie, élevée — George Carslake se détourne de Miss Merewether pour regarder le tableau — par la pensée que la lande est belle et calme et qu'il faut qu'elle perdure... Il ne parvient pas bien à expliquer ce qu'il éprouve. Il n'aime pas du tout les églises ; au vrai, s'il disait ce qu'il ressent à l'idée que la lande demeurera, qu'ils périront tous et que c'est très bien ainsi, que ça n'a rien de triste, alors il rirait, il aurait vite fait de balayer ces balivernes sentimentales. Parce que ce serait des balivernes s'il les disait ; et pourtant, à penser, il n'en est rien. Non, décidément, il n'y a peut-être pas de meilleure manière d'occuper son temps que de parcourir une lande, le soir.

Bien sûr, on rencontre des vagabonds et de drôles de gens. Tantôt une petite ferme abandonnée ; tantôt un homme avec sa charrette ; parfois, mais c'est peut-être un peu trop romantique, un homme à cheval. Il y aura des bergers, très probablement ; un moulin à vent ; ou bien, à défaut, un buisson contre le ciel, une trace de roues qui auront le pouvoir — il frémit de nouveau devant ces mots stupides — de « réconcilier les différences... de faire croire en Dieu ». Le voilà comme piqué au vif. Croire en Dieu, vraiment ! Quand toute instance rationnelle s'insurge contre la lâcheté, la folie, l'idiotie d'une telle profession ! Il a l'impression de s'être laissé prendre au piège des mots. « Croire en Dieu. » Lui il croit en une petite conversation toute simple avec des gens comme Mabel Waring, Stuart Elton et la reine d'Angleterre, pourquoi pas, sur une lande. Il éprouve du moins un grand réconfort à découvrir tout ce qu'ils ont en commun : les bottes, la fatigue, la faim. N'empêche qu'il se figure Stuart Elton s'arrêter, par exemple, ou sombrer dans le mutisme. Si on lui demande à quoi il pense, peut-être qu'il ne répondra rien, ou qu'il répondra quelque chose qui ne sera pas vrai. Peut-être qu'il sera incapable de dire la vérité.

Mr Carslake regarde de nouveau le tableau. Il sent confusément quelque chose de lointain qui le trouble. C'est vrai que les gens pensent, peignent. C'est vrai que les groupes sur la lande n'abolissent pas les différences. Mais il soutient, car cela il le croit vraiment, que les seules différences qui subsistent (là-bas où l'horizon de la lande n'est jamais rompu par une seule maison) sont fondamentales, comme celles-ci : ce que pensait l'auteur du tableau, ce que Stuart Elton pense... de quoi, au fait ? Enfin, ce doit être une question de convictions, en somme.

En tout cas ils avancent, car l'intérêt d'une randonnée c'est que personne ne peut rester immobile bien longtemps ; il faut se secouer et, au cours d'une longue marche, la fatigue et le désir qu'elle cesse donnent au plus philosophe et même à celui qu'égarent l'amour et ses tourments une raison impérieuse de se concentrer sur le retour à la demeure.

Chaque formule qu'il emploie, hélas, résonne à ses oreilles de religiosité frelatée. « La demeure », les religieux se sont approprié le mot, et cela devient « la Demeure du Père », le Ciel. Ses pensées ne trouvent pas de mots purs et neufs, qui n'aient pas été froissés, fripés, qui n'aient pas perdu leur apprêt à l'usage.

C'est seulement quand il marche avec Mabel Waring, Stuart Elton et la reine d'Angleterre et ce monsieur sans concessions, à la mine féroce, aux yeux qui jettent des éclairs, que la mélodieuse rengaine des mots s'arrête. Peut-être qu'on est un peu brutalisé par le grand air. La soif brutalise ; une ampoule au talon. Lorsqu'il marche, les choses acquièrent une dureté, une fraîcheur ; il n'y a plus ni confusion ni dérobade. La distinction entre connu et inconnu est aussi nette que la rive d'une mare : d'un côté la terre ferme, de l'autre l'eau. Or une pensée singulière le frappe : l'eau attire les gens de la terre. Lorsque Stuart Elton a pris ce coupe-papier, que Mabel Waring a paru au bord des larmes, que l'homme à la moustache en brosse à dents a jeté un regard furibond, c'est qu'ils ont voulu aller vers l'eau. Mais quelle eau? La compréhension, peut-être. Il doit se trouver quelqu'un de miraculeusement doué, à qui rien de ce qui est humain n'est étranger, qui comprenne parfaitement ces silences, ces misères qui résultent de l'incapacité à s'adapter à la vie intérieure d'autrui. Stuart Elton plonge; Mabel plonge. Certains coulent et s'en satisfont, d'autres refont surface tout suffocants. Il constate avec soulagement qu'il se représente la mort comme un plongeon dans une mare. Car il craignait fort qu'instinctivement, s'il n'y prenait pas garde, son imagination l'emporte vers les limbes du Ciel et lui fasse endosser l'éternel accoutrement, yeux bonasses et manteau de nues.

Dans la mare, au contraire, il y a des tritons, des poissons et de la boue. L'intérêt de la mare, c'est qu'il faut la créer soi-même; elle est neuve, toute neuve. On ne veut plus être ravi ès Cieux pour y chanter et y rencontrer les morts. On veut quelque chose ici et maintenant. Comprendre, c'est un surcroît de vie; la faculté de dire ce qu'on était incapable de dire; de faire aboutir des tentatives vaines comme celles de Mabel Waring — il sait cette façon qu'elle a de faire subitement quelque chose d'inattendu, de déconcertant, d'impulsif —, au lieu qu'elles échouent et vous enfoncent un peu plus dans les ténèbres.

Alors, le vieux violoneux joue son air, et le regard de George Carslake passe du tableau aux gens pour revenir au tableau. Son visage rond, son corps plutôt trapu expriment un calme philosophique qui lui donne, même au milieu de tout ce monde, un air de détachement, de sérénité, de tranquillité, mais un air attentif et non pas avachi. Il est assis et Miss Merewether qui aurait très bien pu lui fausser compagnie s'est assise à côté de lui. On dit qu'il peut être très brillant à l'après-dîner; qu'il ne s'est jamais marié parce que sa mère a besoin de lui. Personne ne se le représente comme héroïque, pourtant; il n'y a rien de tragique en lui. Il est avocat. Des passe-temps, des goûts, des dons autres que son esprit délié, il n'en a pas de particuliers — sauf qu'il aime la marche. Les gens le tolèrent, l'aiment bien, se rient un peu de lui parce qu'il a un valet qu'il traite en frère aîné.

Mais Mr Carslake ne se complique pas la vie ; les gens sont très simples, les hommes et les femmes très semblables ; c'est grand dommage de se disputer avec qui que ce soit ; d'ailleurs, cela ne lui arrive jamais. Non pas qu'il ne soit jamais blessé ; il l'est parfois, quand on s'y attendrait le moins ; par exemple, comme il habite près de Gloucester, il est d'une susceptibilité absurde pour tout ce qui touche la cathédrale ; il a pris fait et cause pour elle, comme si elle lui était parente et dès qu'on l'attaque il se fâche, alors qu'on peut bien dire ce qu'on voudra de son propre frère, ou moquer son goût pour la marche à pied. Il a un caractère égal, il n'est pas mou ; et, subitement, de petits piquants se hérissent, quand il est question de la cathédrale ou en cas d'injustice flagrante.

Le vieux violoneux interprète sa mélodie simple, et le tour est joué : ils ne sont plus ici mais sur une lande ; ils rentrent à Norwich. L'incisive Miss Merewether, avec son assurance, qui dit que la reine est sublime, s'est jointe au groupe sous condition qu'elle ne dira plus de bêtises qu'elle ne croie pas elle-même. «École de Crome[6] ?», dit-elle en regardant le tableau.

Très bien. Sur ce principe, ils se remettent en route ; ce sera peut-être une affaire de six ou sept miles. George Carslake est coutumier du fait ; ce sentiment d'être dans deux endroits à la fois, avec un corps ici, dans un salon de Londres, n'a rien qui l'étonne ; mais la coupure est si grande que la paix de la campagne, sa nudité, son âpreté sans concession affectent ce corps londonien. Il allonge ses jambes. Il sent la brise sur sa joue. Mais, surtout, il sent qu'ils ont beau être différents en surface, tous tant qu'ils sont, maintenant ils sont unis ; ils peuvent s'égarer, chercher l'eau, il n'en reste pas moins qu'ils sont frais et dispos, d'humeur liante.

Déchirez tous ces vêtements, mon amie, pense-t-il en regardant Mabel Waring. Faites-en un ballot. Puis à Stuart : Ne vous inquiétez pas, mon cher, de l'excessive singularité de votre âme. Cet homme furibond lui paraît proprement ahurissant.

Il est impossible de mettre des mots là-dessus, et puis c'est superflu. Sous les vibrations vacillantes de ces petites créatures, il y a toujours un réservoir plus profond, et la mélodie simple, sans le dire, lui fait quelque chose de curieux; elle en ride la surface, elle le liquéfie, elle y crée des remous, le fait rouler et palpiter dans les profondeurs de l'être jusqu'à ce que des idées surgissent de cette nappe d'eau et montent au cerveau faire des bulles. Des idées qui sont à moitié des sentiments car elles en ont la qualité d'émotion. Il est impossible de les analyser, de dire si elles sont plutôt heureuses ou malheureuses, gaies ou tristes.

Son désir, à lui, c'est de s'assurer que tout le monde est pareil. Il croit que, s'il pouvait le prouver, il résoudrait un grand problème. Mais est-ce vrai? Il ne quitte pas le tableau des yeux. N'essaie-t-il pas d'imposer aux êtres humains, qui sont par nature opposés, différents, en guerre les uns contre les autres, une prétention, peut-être incongrue, à une simplicité qui n'est pas dans leur nature? L'art la possède; un tableau la possède; mais les hommes ne l'éprouvent pas. Lorsqu'on marche sur une lande à plusieurs, l'état d'esprit qui prévaut engendre un sentiment de ressemblance. Au contraire, la conversation mondaine où chacun veut briller et faire valoir son point de vue crée la dissemblance; et, des deux, quelle est la plus profonde?

Il essaie d'analyser ce thème qui lui est cher, la marche, ces gens qui vont à Norwich. Il pense tout de suite à l'alouette, au ciel, à la vue. Les pensées du promeneur sont faites pour une bonne part de ces influences extérieures. Les pensées de la marche sont ciel pour moitié; si l'on pouvait les soumettre à une analyse chimique, on y trouverait des grains de couleur, et des litres, des volumes d'air; ce qui les rend tout de suite plus aériennes et plus impersonnelles. Tandis que dans cette pièce les pensées se bousculent comme des poissons pris dans une nasse qui s'arrachent leurs écailles en se débattant, et en tentant de s'échapper deviennent... car celui qui pense tente de faire s'échapper sa pensée, pour qu'elle dépasse les obstacles autant qu'il est possible ; et toute société tente de saisir, d'influencer, de contraindre chaque pensée au fur et à mesure qu'elle apparaît pour la forcer à céder à une autre.

C'est bien à quoi tout le monde s'emploie en ce moment, il le voit. Mais il ne s'agit pas de penser à proprement parler. Il s'agit d'être, soi-même, ici, en conflit avec les autres êtres. Ici, il n'y a pas de mélange impersonnel de couleurs ; ici, des murs, des lumières, des maisons dehors renforcent l'humanité, car ils en sont l'expression même. A force de se presser les uns contre les autres, les gens émoussent leur éclat, ou bien — car cela joue dans les deux sens — ils stimulent et déclenchent une stupéfiante animation et s'illuminent les uns les autres.

Est-ce le plaisir ou la douleur qui domine, il ne saurait le dire. Sur la lande, cela ne ferait aucun doute. Ils avancent, Merewether, la reine, Elton, Mabel Waring et lui-même ; le violoneux joue ; loin de s'arracher leurs écailles, ils nagent côte à côte dans le bien-être le plus grand.

C'est un beau tableau, un très beau tableau.

Il a de plus en plus envie d'y être, sur cette lande du Norfolk, vraiment.

Il raconte alors à Miss Merewether une anecdote sur son jeune neveu à Wembley, et, tandis qu'il la raconte, elle se dit ce que tous ses amis se disent, que George Carlslake a beau être un des hommes les plus charmants qu'elle connaisse, c'est tout de même un curieux paroissien, un drôle d'oiseau ; on ne voit pas du tout ce qu'il cherche. Est-ce qu'il est attaché à quelqu'un ? Elle sourit en pensant à son valet. Et puis voilà qu'il s'éclipse après avoir dit qu'il rentre à Dittering demain.

La fascination de l'étang

Il était peut-être très profond — insondable à l'œil en tout cas. Ses bords étaient frangés de joncs si touffus que leur reflet était ombreux comme l'ombre des eaux profondes. Cependant, au milieu, il y avait quelque chose de blanc. La grande ferme, à un mile de là, était à vendre et une personne zélée — ou un gamin farceur — avait collé l'une des affiches annonçant la vente, chevaux de trait, outils agricoles et génisses compris, sur une souche auprès de l'étang. Le centre des eaux reflétait le placard blanc et, lorsque le vent soufflait, le centre de l'étang semblait couler et ondoyer comme linge qu'on rince. On retrouvait dans l'eau les grandes lettres rouges qui formaient ROMFORD MILL. Il y avait une touche de rouge dans le vert qui ondoyait jusqu'aux rives.

Mais, si l'on s'asseyait au milieu des joncs pour regarder l'étang — les étangs exercent une curieuse fascination, on ne sait laquelle —, les lettres noires et rouges, le papier blanc semblaient simple pellicule sous laquelle roulait une vie aquatique profonde, tel un esprit qui songe et médite. Bien des gens avaient dû y venir au fil de leur vie, au fil des âges, laisser tomber une pensée dans l'eau, lui poser une question, comme on le faisait soi-même en ce soir d'été. Peut-être était-ce le secret de sa fascination : il retenait dans ses eaux toutes sortes de rêves, de plaintes, de confidences, non pas imprimés ou dits à voix haute mais à l'état liquide, flottant les uns sur les autres, presque désincarnés. Un poisson les traversait, se faisait couper en deux par la lame d'un roseau ; la lune les annihilait de sa grande assiette blanche. Le charme de l'étang venait de ce que, les gens partis, leurs pensées étaient restées et, sans leurs corps, entraient vagabonder le temps qui leur plaisait, libres, liantes et amicales dans l'étang commun.

Parmi toutes ces pensées liquides, certaines semblaient faire masse, former des personnes reconnaissables — l'espace d'un instant. Et l'on voyait un visage encadré de favoris se former dans l'étang, s'y pencher et le boire. Je suis venu ici en 1851 après les chaleurs de l'Exposition universelle. J'ai vu la reine l'inaugurer[1]. Et la voix riait tout bas; liquide, détendue, comme si l'homme avait envoyé promener guêtres et haut-de-forme sur le bord de l'étang. Bon Dieu qu'il faisait chaud! Disparu tout ça, poussière bien sûr, semblaient dire les pensées qui ondulaient par les roseaux. Moi, j'étais une amante, commençait une autre voix, glissant sur la première, silencieuse et disciplinée comme un poisson qui ne gêne pas les autres dans leurs mouvements. Une jeune fille; nous venions de la ferme (le placard de sa vente se reflétait à la surface), c'était l'été 1662. Les soldats ne risquaient pas de nous voir de la route. Il faisait très chaud. Nous venions nous étendre. Elle s'étendait, cachée dans les roseaux, avec son amant; ils coulaient leurs rires dans l'étang avec des pensées d'amour éternel, de baisers ardents et de désespoir. Et moi j'étais très heureux, disait une autre voix, ricochant vive sur le désespoir de la jeune fille (car elle s'était noyée). Je venais y pêcher. Nous ne l'avons jamais prise, la carpe géante, mais nous l'avons vue une fois — le jour où Nelson a fait Trafalgar —, nous l'avons vue sous le saule; bigre, quel monstre! Il paraît qu'elle ne s'est jamais fait prendre. Hélas, hélas, soupirait une voix qui filait sur celle du garçon. Si triste voix devait venir du plus profond de l'étang. Elle montait de sous les autres comme la cuiller soulève l'eau de la jatte. C'était la voix que nous voulions tous entendre. Toutes les autres fusaient en douceur vers la rive pour écouter celle-ci, triste, si triste que sans doute elle savait le pourquoi de tout. Or toutes voulaient savoir.

On s'approchait de l'étang, on écartait les roseaux pour voir plus profond, par-delà les reflets, les visages, les voix, jusqu'au fond. Mais là, au-dessous de l'homme qui avait assisté à l'Exposition universelle, de la jeune fille qui s'était jetée dans l'étang, du gamin qui avait vu le poisson, de la voix qui criait « Hélas, hélas ! », toujours il y avait quelque chose d'autre. Un autre visage, une autre voix. Une pensée venait couvrir l'autre ; car s'il y a des instants où l'on croirait qu'une cuiller va nous emporter tous, pensées, attentes, questions, aveux et désillusions, jusqu'à la lumière du jour, cette cuiller finit toujours par basculer et nous voilà replongés dans l'étang. A nouveau, tout son centre se couvre du reflet du placard qui annonce la vente de Romford Mill. Voilà pourquoi peut-être l'on aime à s'asseoir et regarder dans les étangs.

Trois tableaux[1]

Premier tableau

Comment ne pas voir les tableaux ? Si mon père était forgeron et le vôtre pair du royaume, il faut bien que nous soyons des tableaux l'un pour l'autre. Il n'est pas question que nous nous échappions du cadre en prononçant des paroles naturelles. En passant, vous me voyez appuyé à la porte de la forge, un fer à cheval à la main ; vous pensez : « Qu'il est donc pittoresque ! » Et moi qui vous vois si à l'aise dans cette auto — on dirait que vous allez saluer la populace — je pense : « La vieille Angleterre aristocratique et son luxe, un vrai tableau vivant ! » Nous avons tort tous deux, sans doute, mais c'est inévitable.

Or voici qu'au détour du chemin j'ai vu un tableau, précisément. Il aurait pu s'intituler *Le Retour du matelot* ou quelque chose dans ce goût-là. Un jeune et beau matelot qui porte un balluchon ; une fille qui a glissé sa main à son bras ; les voisins attroupés ; un jardin villageois tout embrasé de fleurs. Au passage, on peut lire sous le tableau que le marin revient de Chine et qu'il y a un fameux repas qui l'attend au salon ; et qu'il a dans son balluchon un cadeau pour sa jeune épouse ; et qu'elle va bientôt lui donner leur premier enfant. Tout va pour le mieux dans le meilleur des mondes possibles, se dit-on en regardant ce tableau. La vue d'un tel bonheur a quelque chose de nourrissant, de satisfaisant ; la vie semble plus douce, plus enviable qu'auparavant.

Sur ces considérations, j'ai passé mon chemin et j'ai reconstitué, complété le tableau le plus parfaitement possible, la couleur de sa robe à elle, de ses yeux à lui, le chat roux pâle qui se faufile par la porte de la maison.

Le tableau a flotté un moment dans mon regard et tout en ressortait plus éclatant, plus chaud, plus simple que d'habitude ; telle chose devenait absurde, telle autre fausse et telle autre juste, plus riche de sens qu'avant. De temps en temps, au cours de cette journée et de celle du lendemain, le tableau revenait en mémoire et l'on pensait non sans envie mais non sans bienveillance au matelot heureux avec sa femme ; on se demandait ce qu'ils pouvaient bien faire et dire à cette heure. L'imagination prodiguait d'autres tableaux, nés du premier : tableau du marin en train de couper des bûches, de tirer de l'eau ; ils parlaient de la Chine ; la jeune femme avait posé son cadeau sur la cheminée pour que tous ceux qui entraient le voient ; et elle cousait un trousseau de bébé, et toutes les portes, toutes les fenêtres étaient ouvertes sur le jardin, si bien que les oiseaux voletaient, les abeilles bourdonnaient ; et Rogers — c'était son nom — ne trouvait pas assez de mots pour dire combien tout cela lui semblait bon après les mers de Chine, assis qu'il était là, à fumer sa pipe, un pied dans le jardin.

Deuxième tableau

En pleine nuit, un grand cri a retenti dans le village. Puis il y a eu le bruit de quelque chose que l'on traîne, puis un silence de mort. Tout ce qu'on voyait par la fenêtre, c'était une branche de lilas immobile et lourde au-dessus de la route. La nuit était chaude et calme, nuit sans lune. Après ce cri, tout devenait menace. Qui avait crié ? Pourquoi avait-elle crié ? C'était une voix de femme qu'un transport extrême rendait presque asexuée, inexpressive. On aurait dit que la nature humaine venait de crier contre une iniquité, une horreur indicible. Il y a eu un silence de mort. Les étoiles brillaient d'un éclat tout à fait régulier. Les champs étaient calmes ; les arbres immobiles. Pourtant, tout semblait coupable, accusé, menaçant. On avait le sentiment qu'il aurait fallu faire quelque chose. Qu'une lanterne aurait dû apparaître, fébrilement agitée. Quelqu'un aurait dû accourir sur la route ; les lumières s'allumer aux fenêtres. Et alors, peut-être, il y aurait eu un autre cri, mais moins asexué, moins inarticulé ; un pleur consolé, apaisé. Mais ni lumière, ni bruit de pas, ni second cri. Le premier happé, silence de mort.

On restait couché à tendre l'oreille dans le noir. Il n'y avait eu qu'une voix. On ne pouvait la rattacher à rien : pas la moindre image pour l'interpréter, la rendre intelligible. Mais, au fur et à mesure que l'obscurité se dissipait enfin, tout ce qu'on a vu, c'est une silhouette vague, presque informe, levant en vain un bras gigantesque contre une iniquité écrasante.

Troisième tableau

Le temps était au beau fixe. Sans ce cri isolé dans la nuit, on aurait pu croire que la terre était rentrée au port ; que la vie avait cessé de filer vent en poupe ; qu'elle avait trouvé une crique paisible pour y jeter l'ancre, à peine bercée sur l'eau paisible. Mais le son résonnait encore. Partout, en promenade par les collines peut-être, il y avait comme un mouvement de malaise en profondeur, si bien que la quiétude et la stabilité ambiantes semblaient un peu factices. Des moutons se blottissaient à flanc de côteau ; la vallée déferlait en longues vagues mourantes comme des chutes d'eau lisses. On croisait sur son chemin des fermes solitaires. Le chiot se roulait dans la cour. Les papillons batifolaient dans les genêts. Le monde n'aurait pas pu être plus quiet, plus rassurant. Pourtant, on se répétait qu'un cri l'avait déchiré ; toute cette beauté avait été complice, cette nuit-là ; elle avait consenti à rester calme, à demeurer belle. A tout moment, elle pourrait être à nouveau lacérée. Cette bonté, cette sécurité n'étaient que de surface.

Et puis, pour chasser cette humeur inquiète, on se tournait vers *Le Retour du matelot*. On revoyait le tableau tout entier, on en tirait divers petits détails — bleu de la robe, ombre de l'arbre jaune en fleur — qui n'avaient pas encore servi. Ainsi, ils étaient là, à la porte de la maison, lui son balluchon sur le dos, elle lui effleurant la manche; le chat roux pâle s'était faufilé par la porte. On reprenait chaque détail du tableau pour se persuader peu à peu — c'était bien plus plausible — qu'au fond des choses c'était ce calme, ce contentement, ce bon vouloir qui régnaient, et non une sinistre perfidie. Les moutons qui paissaient, les vagues de la vallée, le chiot, la danse des papillons n'étaient pas vaine apparence. Alors, on rentrait chez soi sans perdre de vue le matelot et sa femme, pour en tirer image sur image de bonheur et de satisfaction et couvrir le malaise, le cri affreux, les annihiler, les réduire au silence.

Voici enfin le village, et le cimetière[2] qu'il faut traverser; en y entrant on a pensé, comme à l'accoutumée, à la paix du lieu, à l'ombre de ses yeuses, à ses pierres tombales émoussées et ses tombes sans nom. La mort est joyeuse, ici. De fait, voyez donc ce tableau! Un homme creuse une tombe et des enfants pique-niquent à côté, pendant qu'il travaille. Les pelletées de terre jaune volent et les enfants prennent leurs aises, avec leur tartines de confiture et leur chopes de lait. La femme du fossoyeur, une blonde grasse, est assise adossée à une pierre tombale et elle a étalé son tablier sur l'herbe pour servir de nappe. Des mottes de terre sont tombées au milieu du goûter. Je demande qui l'on enterre. Le vieux M.Dodson se serait décidé à mourir? «Mais non! me répond la femme en me regardant avec surprise, c'est pour le jeune Rogers, le matelot. Il a passé l'autre nuit, d'une fièvre tropicale. Vous avez donc pas entendu sa femme? Elle est sortie comme une perdue sur la route et elle a poussé un cri...! Allons Tommy, tu t'es mis de la terre partout!»

Quel tableau!

Scènes de la vie d'un officier
de marine britannique

Les eaux bouillonnantes de la mer Rouge venaient se fracasser contre le hublot ; de temps en temps, un dauphin bondissait dans les airs, un poisson volant faisait exploser son arc de feu. Le capitaine Brace était assis dans sa cabine, une carte déployée sur la vaste égalité de la table devant lui. Son visage avait l'air d'un masque ; on aurait dit qu'il avait été sculpté par un nègre dans une bûche soigneusement apprêtée, poli cinquante ans, desséché au soleil des Tropiques ; qu'il avait connu le froid et le gel, les déluges tropicaux ; qu'il avait été dressé devant des multitudes adoratrices pour être leur idole. Il avait pris l'expression indéchiffrable de l'idole à qui, depuis des siècles, on pose des questions sans obtenir de réponse.

La cabine ne possédait pas d'autre mobilier que la vaste table et une chaise pivotante. Mais au mur, derrière le capitaine, se trouvaient accrochés sept ou huit instruments à face blanche avec sur leurs cadrans des chiffres et des symboles vers lesquels se dirigeaient de fines aiguilles, tantôt avec une lenteur imperceptible, tantôt mues d'un élan soudain et décisif. Une substance invisible était là quantifiée, mesurée, pesée et divisée de sept ou huit manières différentes à la fois. Et, de même que cette substance était invisible, quantification, mesure, pesée et division étaient inaudibles. Rien ne venait rompre le silence. Au milieu des instruments était accrochée la photographie d'une tête de femme, surmontée de trois plumes d'autruche.

Soudain, le capitaine pivota pour se trouver face à tous les cadrans et à la photographie ; l'idole venait de tourner le dos aux suppliants. Le dos du capitaine Brace était gainé dans un costume ajusté à sa masse comme une peau de serpent. Ce dos était tout aussi indéchiffrable que son visage. Les suppliants pouvaient indifféremment adresser leurs prières côté pile ou côté face. Soudain, après avoir longuement scruté le mur, le capitaine pivota de nouveau. Il prit un compas et se mit à tracer sur une grande feuille soigneusement quadrillée un dessin d'une complexité et d'une exactitude telles que chaque trait semblait créer un objet immortel qui perdurerait exactement tel quel à tout jamais. Rien ne venait rompre le silence : à l'unisson, la rumeur de la mer et les pulsations des machines étaient si régulières qu'elles semblaient silence, elles aussi, sous une autre forme.

Soudain — tout bruit, tout geste était soudain dans une atmosphère si tendue —, un gong retentit. L'air tressaillit de vibrations aiguës comme des contractions musculaires. Par trois fois le son retentit. Par trois fois le tressaillement de l'atmosphère se crispa en contractions musculaires aiguës. Il s'était écoulé très exactement trois secondes depuis la fin de la troisième quand le capitaine Brace se leva. Avec la sûreté d'un geste automatique, il tamponna un buvard sur son dessin d'une main, et de l'autre coiffa sa casquette. Ensuite, il se dirigea, martial, vers la porte et descendit les trois marches qui menaient au pont. Chaque distance semblait découpée d'avance en tant d'étapes et son dernier pas le mena très précisément sur la planche qui constituait son poste face à cinq cents vareuses bleues. Cinq cents mains droites fusèrent exactement vers leur tête. Cinq secondes plus tard, la main droite du capitaine fusa vers sa tête. Après avoir attendu très précisément deux secondes, elle retomba comme retombe le signal lorsqu'un train express est passé. Le capitaine passa avec la même enjambée mesurée dans les rangs des vareuses bleues, et derrière lui, à distance respectueuse, s'avança un groupe d'officiers en bon ordre également. Mais à la porte de la salle à manger le capitaine leur fit face, reçut leur salut, le leur rendit et se retira pour dîner tout seul.

Il était assis tout seul à sa table comme à son bureau. Les

domestiques posaient les assiettes devant lui et lui ne voyait jamais plus haut que leurs mains blanches qui servaient et desservaient. Lorsque les mains n'étaient pas blanches, elles étaient congédiées. Jamais il ne levait les yeux au-delà des mains et des assiettes. Dans un cérémonial immuable la viande, le pain, les pâtisseries et les fruits furent placés devant l'idole. Dans le verre à vin, le liquide rouge descendit lentement, monta et descendit encore. Toute la viande disparut, toutes les pâtisseries, tous les fruits. Enfin, le capitaine prit un morceau de pain de la taille d'une boule de billard, sauça son assiette, dévora le morceau de pain et se leva. Maintenant, il avait levé les yeux et les dirigeait droit devant. Rien de ce qu'ils croisaient — miroir, mur, poignée de cuivre — ne semblait assez dense pour les intercepter. Ainsi, le capitaine alla comme dans la ligne d'un rayon qu'ils auraient projeté sur une échelle de fer menant à une plate-forme ; laissant derrière lui ces obstacles, il monta, monta jusqu'à une plate-forme de fer où se trouvait un télescope. Lorsqu'il colla l'œil au télescope, aussitôt l'appareil se mua en une extension de ses yeux : un étui de corne qui se serait formé pour définir étroitement sa vision. Lorsque le capitaine orientait le télescope, on aurait dit que c'était son œil, un œil prolongé par une longue corne, qui bougeait.

Miss Pryme

C'est parce qu'elle avait résolu de quitter ce monde meilleur qu'elle ne l'avait trouvé — elle l'avait trouvé à Wimbledon, fort ennuyeux, fort prospère, féru de tennis, égoïste, indifférent, peu enclin à prendre en compte ses propos et ses aspirations — que Miss Pryme, troisième fille d'un médecin de Wimbledon, s'installa à Rusham, à l'âge de trente-cinq ans.

Le village partait à vau-l'eau, en partie, disait-on, parce qu'il n'y avait pas d'omnibus et puis parce que la route était impraticable l'hiver. Rusham échappait donc à la pression de l'opinion. Mr Pember, le pasteur, ne changeait jamais de col, ne prenait jamais de bain, et sans Mabel, sa vieille bonne, il n'aurait pas toujours été présentable à l'église. Naturellement, pas de cierges sur l'autel; les fonts baptismaux étaient fissurés et Miss Pryme avait surpris le révérend à s'éclipser en pleine messe pour fumer une cigarette au cimetière. Elle passa les trois ans qui suivirent son installation à surprendre des gens en train de faire ce qu'ils n'auraient pas dû. Les basses branches de l'orme de Mr Bent frottaient contre les cercueils qui longeaient l'allée; il fallait les tailler. Le mur de Mr Carr se déjetait, il fallait le restaurer. Mrs Pye buvait; Mrs Cole vivait avec le gendarme au vu et au su de tous. Au fur et à mesure que Miss Pryme surprenait tous ces gens à se mal conduire, son visage prenait un pli d'amertume, elle se voûtait, elle regardait d'un œil torve tous ceux qu'elle croisait. Elle résolut d'acheter la petite maison qu'elle louait car, assurément, elle avait du bien à faire.

Elle commença par s'attaquer à la question des cierges. En

faisant l'économie d'une bonne, elle trouva de quoi acheter de grands cierges sacerdotaux à Londres dans une boutique d'objets de piété. Pour gagner le droit de les installer, elle récura le parterre de l'église, broda une nappe d'autel et se procura une scène de *La Nuit des rois* qui paierait la réparation des fonts baptismaux. Et alors elle alla trouver Mr Pember avec ses cierges. Il alluma sa énième cigarette entre ses doigts jaunis, par la nicotine sans doute. Son visage, son corps évoquaient une ronce hérissée, rouge, qui pousse en sauvage. Et il grommela qu'il ne voulait pas plus de cierges aujourd'hui qu'hier — c'était bon pour les papistes, ces affaires-là. Sur quoi, cigarette au bec, il s'en alla de son pas traînant se balancer sur le portail de la ferme et causer des porcs de Cropper.

Miss Pryme attendit. Elle organisa une vente de charité pour faire refaire la toiture de l'église, et l'évêque y assista. Elle entreprit de nouveau Mr Pember sur la question des cierges. On dit — on dit — qu'elle glissa qu'elle avait la bénédiction de l'évêque, mais ce sont des on-dit car le village se divisait désormais en deux camps et chacun donnait sa version de ce qui s'était passé lors de leur face-à-face. Certains avaient pris le parti de la Règle et des cierges, d'autres celui de leurs aises et de leur brave homme de prêtre. Et Mr Pember répondit avec humeur qu'il était prêtre de la paroisse, maître chez soi, qu'il ne voulait pas de cierges, un point c'est tout. Miss Pryme rentra chez elle et rangea les cierges bien enveloppés dans un long tiroir. Elle ne remit plus les pieds à la cure.

Mais le pasteur était un vieillard, elle n'avait qu'à attendre. Et, en attendant, elle continua de rendre le monde meilleur puisqu'elle ne connaissait rien de tel pour faire passer le temps : à Wimbledon il stagnait, ici il filait. Elle faisait la vaisselle du petit déjeuner, elle remplissait des formulaires, elle rédigeait des rapports, elle mettait une pancarte dans son jardin, elle faisait la tournée des maisons. Quand le vieux Malthouse fut à l'article de la mort, elle le veilla des nuits entières, ce qui épargna bien du tracas à sa famille. Avec le temps, une sensation nouvelle et délicieuse lui mettait le sang en émoi : mieux que l'amour conjugal, mieux que les enfants, c'était le pouvoir de changer le monde, pouvoir sur les infirmes, les illettrés, les ivrognes. Avec le temps, quand elle trottait dans la grand-rue avec son panier, quand elle se rendait à l'église avec son balai, elle fut bientôt secondée par une autre Miss Pryme, plus imposante, plus belle, plus rayonnante, plus remarquable que la première : une vraie Florence Nightingale. Et en moins de cinq ans ces deux dames n'en firent plus qu'une.

Ode écrite avec des passages en prose pour avoir lu le nom de Cutbush* sur une boucherie, à Pentonville[1]

Oh Cutbush, petit John, maussade entre
ton père et ta mère le jour où ils ont décidé que
faire de toi : fleuriste ou boucher ?
Tu les entends décider de ton sort : fleuriste
ou boucher ; tandis que la vague longue s'étale iridescente
aux côtes de Californie ; que l'éléphant
en Abyssinie, le colibri
en Éthiopie, le roi à Buckingham
vaquent à leurs affaires
John sera-t-il fleuriste ou boucher ?

Voici venir sur le bitume du sentier
Béret de velours coquinement sur le côté
Venir Louie la petite bonne de Mrs Mump au
presbytère, enfant innocente encore innocente mais
avide d'amour ; seize ans ; l'œil
coquin ; elle longe la mare où aboient les chiens et cancanent les
                                                                   canards ;]
Si jolis les saules
et les nénuphars qui glissent et palpitent ; et
voyez le vieux monsieur qui essaie de dégager le
petit bateau pris dans les saules avec sa canne ; et John dit à Louie
L'été je viens nager ici ; Vrai ? Mais oui, je nage ici.
Pour faire croire qu'il est parmi les grands athlètes, que comme Lord

---

* Littéralement : « Taillebuisson ». *(N.d.T.)*

ODE ÉCRITE AVEC DES PASSAGES EN PROSE

Byron il pourrait traverser l'Hellespont à la nage[2], lui, John
Cutbush de Pentonville. Et le soir tombe ;
le soir se dore aux fenêtres de l'étage ;
tel lit Hérodote dans le texte à la fenêtre de
l'étage ; tel coupe des gilets au sous-sol ;
tel fabrique des pièces de monnaie, tel tourne des bouts
de bois qui feront des pieds de chaise ; les lumières tombent
sur le soir ; sur la mare ; les lumières font des
zigzags dans l'eau. Joue contre joue, épaule contre épaule,
caresses, baisers, serrés fort, ils sont
là pendant que le vieux monsieur dégage le bateau
avec sa canne ; et l'église sonne grave.
Du clocher sévère les notes de fer
rappellent Louie Louie à l'ordre à l'heure du dîner ;
à la cuisinière qui va dire, Si tu vas encore courir la
prétentaine, je le dis à Madame, Madame c'est Mump, Adela
femme de Cuthbert le pasteur.
Elle se lève, quitte sa couche sur Primrose Hill,
sa couche sur le doux lit froid de la terre,
la terre qui couvre bulbes et bourgeons ; câbles et
canalisations ; qui prend contre son sein froid et doux tantôt les
canalisations tantôt les câbles qui dépêchent des messages
en Chine où vont les mandarins, muets, cruels, raffinés,
le long des pagodes d'or ; où les maisons ont des cloisons de
papier ; où les gens sourient des sourires sagaces et impénétrables.
Debout, elle se lève, il la suit le long de l'avenue
jusqu'au coin, jusqu'au marchand de journaux ; meurtre à
Pimlico, dit le panneau ; ils s'embrassent
devant la boutique ; et puis ils se séparent et la nuit
noire les enveloppe ; et elle dégringole l'escalier de service
qui mène à la cuisine éclairée où fument les casseroles
du dîner de monsieur.

Et lui loue une charrette à bras pour aller à Smithfield
à l'aube ; au frisson de l'aube il voit la viande froide
dans le linceul des filets blancs sur les épaules des hommes ;
viande des Argentines ; des porcs et des bœufs
velus criblés de rouge.

Tout en blanc comme des chirurgiens vont les bouchers de
Smithfield qui manipulent les cadavres dans leurs linceuls,
les corps raides et glacés gisant comme des
momies dans la chambre froide jusqu'à ce que le feu dominical les
revigore et que leur jus coule dans le grand plat pour
revigorer les retours de messe.
Mais moi j'ai traversé l'Hellespont à la nage — il rêve ; il a lu
Byron à Charing Cross Road, il a savouré,
dégusté sur place son *Don Juan*, parcheminé de poussière, proie des
quatre vents, nu sous le lampadaire du trottoir.
Et moi je passerais ma vie à travailler pour Massey et Hodges,
                                                                             négociants]
en viande à Smithfield ? Il est là sa casquette à la main
mais sans courber l'échine devant son maître, car il a fini
son apprentissage. Un jeune gars ça doit faire son chemin tout
seul.

Et il voit la violette et l'asphodèle et les
nageurs nus sur la rive en toges pareilles
à celles de Leighton au musée
Leighton[3]. Louie de l'Avenue, fille de cuisine
chez le pasteur, le regarde et lui fait signe de son bras nu quand il
plonge.

Alors il s'installe à son compte.
Le passant n'y voit qu'une de ces boutiques
ouvertes jusqu'à une heure le samedi. Rideaux fermés
stores baissés dans le West End mais ici, dans les
faubourgs de Londres, le résidu de Londres,
le soir venu, c'est
gala. Les becs de gaz brillent sur les charrettes à bras. Les
plumes et les blouses flottent comme des fleurs. La
viande flambe. Les flancs des bœufs s'ornent de
feuilles de fleurs dans la chair rose. Des couteaux tranchent.
Les morceaux, on les lance, on les emballe. Les sacs s'enflent au
bras des femmes. Elles font peser le poids de leur corps d'un pied
sur l'autre. Les enfants lèvent les yeux sur les becs de gaz et la
lumière crue et les visages rouges et blancs se brûlent

à jamais sur les pupilles pures. Le limonaire
joue et les chiens fouissent la sciure en quête de bouts
de viande. Et sur tout Pentonville, tout Islington,
flotte un ballon de jaune cru et loin,
loin dans la ville, il y a une église à face blanche avec
son clocher.

John Cutbush, boucher à Pentonville est là sur le
seuil de sa boutique.
Il est sur le seuil de sa boutique.
Toujours sur le seuil de sa boutique.
Mais les roues du temps sont passées sur lui. Tant de millions
de miles sont passés sous les tramways; tant de millions de porcs et de
bœufs ont été tranchés et lancés; tant de sacs se sont
enflés. Il a le visage rouge; il a les yeux embués
à force de fixer les becs de gaz le soir. Et il lui arrive
de regarder par-delà les visages et la nouvelle boutique en face
où le jeune homme fait le gracieux, dans les ténèbres
creuses. Puis il sort de son rêve et dit Et avec ça, m'dame,
ce sera tout?
Mais il y en a qui remarquent le nouveau boucher d'en face et
qui passent bien vite
devant chez Cutbush pour essayer Ainslies.
Et Louie dans l'arrière-boutique a la
cuisse épaisse, l'œil morose; et leur petit garçon est mort;
et la petite, quel souci, toujours après les gars;
et dans son cadre au mur Mrs Mump dans la robe
de son enterrement; partout ça sent la viande,
et la recette quotidienne diminue.
Ce sont des illusions de visages humains entr'aperçus au passage
traduits d'une langue étrangère.
Et la langue toujours fabrique des mots nouveaux.
Car à côté il y a les urnes et les plaques de marbre dans la
vitrine des pompes funèbres; à côté des instruments de musique;
ensuite un chenil et une chatterie; et puis le couvent
et là sur cette hauteur se dresse sublime la
tour de la prison; et puis il y a les travaux d'adduction
d'eau; et voici toute une rue sombre privée

comme ces rangées de terriers où gîtent les animaux nocturnes dans
les déserts ; mais ici pas de marmottes ni d'hirondelles
des sables ; des inspecteurs de secteur, des percepteurs, des
                              messieurs du gaz et du service]
des eaux, avec femme et enfants ;
et puis des employés tout droit arrivés de leur Somerset et de leur
                                                        Suffolk]
et puis une demoiselle qui ne prend pas de femme de ménage.

Et l'on rentre chez soi par la grand-rue, le long du cimetière
où les chats célèbrent leurs rites et les bouchers
jurent une foi éternelle aux filles de cuisine ;
la fleur de la vie toujours se dégage du
bourgeon ; la fleur de la vie s'affiche sur
nos visages ; et nous remercions les armées,
les marines, les hommes volants et les actrices
qui nous procurent notre lot de distraction le soir et
quand nous tenons l'*Evening Standard* sous la lampe nous
n'avons pas idée de la richesse accumulée entre nos
mains, nous saisissons mal,
nous n'interprétons guère, nous lisons à peine
le nom de John Cutbush ; c'est seulement quand nous passons
devant sa boutique, le samedi soir, que nous crions Salut Cutbush
de Pentonville, salut à toi, au passage.

Portraits

Le déjeuner se fait attendre

Dans la trompe de la fleur frémirent les colibris; du pavé de leurs pattes, les vastes éléphants foulèrent la boue; l'indigène aux yeux de bête sauvage dégagea des roseaux sa pirogue; dans la chevelure de l'enfant, la Persane cueillit un pou; les zèbres traversèrent l'horizon au galop dans les folles arabesques des parades nuptiales; le creux bleu-noir du ciel résonna du pic-pic-pic du vautour sur un squelette où ne restait qu'un lambeau de chair et une moitié de queue — et M. Louvois et madame n'entendaient ni ne voyaient rien de tout cela.

Le garçon, chemise froissée, veste lustrée, tablier attaché autour de la taille, cheveux gominés, essuya l'assiette en crachant dans ses mains pour s'épargner la peine de la rincer; sur un tas de fumier, les moineaux de la route se rassemblèrent; les grilles du passage à niveau se fermèrent, congestionnant la circulation : un camion avec des madriers de fer, un autre avec des cageots d'oranges, plusieurs voitures, une carriole tirée par un âne; dans les jardins publics, le vieil homme empala un sachet en papier; au-dessus du cinéma, l'enseigne annonçant un nouveau film de jungle clignota; sur les eaux de la Seine, une crevée gris-bleu éclaira un instant les nuages gris-bleu de l'hémisphère Nord — et M. Louvois et madame fixaient l'huilier et la moutarde, et la fissure jaune sur la table de marbre.

Le colibri frémit, la barrière s'ouvrit; les camions reprirent leur course cahotante; et les yeux de M. Louvois et madame s'illuminèrent car là, devant eux, sur la table de marbre, le serveur gominé venait de faire claquer un plat de tripes.

La Française du train

Flot de paroles et de chairs molles, elle renifle telle un tapir les succulentes feuilles de chou; même dans un wagon de troisième classe, elle est à l'affût du moindre petit potin... Mme Alphonse a dit à sa cuisinière... Les boucles d'oreille se balancent comme aux vastes lobes d'un monstre pachyderme. Les incisives émoussées et jaunies à croquer les pieds de chou émettent un sifflement accompagné d'un filet de salive. Et pendant ce temps, derrière sa lourde tête qui dodeline, sa salive qui dégouline, les gris oliviers de Provence dardent leurs rayons, s'immobilisent, toile de fond aux lignes brisées, branches biscornues, paysans courbés.

A Londres, dans un wagon de troisième classe, contre des murs noirs placardés de réclames luisantes, elle traverserait Clapham en courant pour aller sur Highgate, changer la couronne de porcelaine sur la tombe de son mari. Là, à Clapham Junction, assise dans son coin, un cabas noir sur les genoux; dans ce cabas, un numéro du *Mail*, une photographie des princesses — le cabas fleure le bœuf froid, les cornichons, les rideaux au petit point, les cloches dominicales et l'appel du curé.

Ici, elle porte sur ses épaules immenses, ondulantes, toute la tradition; sa bouche bave, ses petits yeux porcins brillent, et on entend le coassement de la grenouille dans le champ de tulipes sauvages, le chant de la Méditerranée qui lèche le sable, et la langue de Molière. Ici, le cou de taureau porte des paniers de raisin; par-delà le train qui ferraille, on entend le tintamarre d'un marché; il y a un bélier, des hommes qui le chevauchent; des cornets de glace; des fromages et du beurre enveloppés dans de la paille; des hommes qui jouent aux boules près d'un platane; une fontaine; une odeur aigre, là-bas, dans le coin où les paysans obéissent sans se cacher aux lois de la nature.

Portrait trois

J'étais assise dans la cour de l'Auberge française et il m'a semblé que le secret de l'existence n'était qu'un squelette de chauve-souris dans un placard, la grande énigme, rien d'autre que l'entrelacs d'une toile d'araignée. Elle semblait si dense, assise au soleil, sans chapeau. La lumière la fixait. Il n'y avait pas d'ombre. Son visage était jaune et rouge, et rond aussi ; fruit sur un corps, pomme parmi les pommes, mais pas de celles qu'on sert sur une assiette ; des seins durs comme des pommes s'étaient formés sous le corsage.

Je la regardais. Elle se donna une pichenette comme si une mouche lui parcourait la peau. Quelqu'un passa ; je vis battre ses yeux, feuilles étroites de pommier. Et sa rudesse, sa cruauté étaient comme l'écorce rêche du lichen ; éternelle, elle résolvait le problème de la vie.

Portrait quatre

Elle l'avait emmené chez Harrod's et à la National Gallery puisqu'il fallait lui acheter des chemises avant qu'il retourne à Rugby faire ses humanités, lui qui ne se lavait pas les dents. Maintenant qu'ils étaient attablés dans ce restaurant recommandé par l'oncle Hal, s'ils cherchaient quelque chose qui ne soit ni trop bon marché ni trop cher, il fallait qu'elle réfléchisse à ce qu'elle devrait lui dire avant qu'il retourne à Rugby... Ils en mettaient du temps à apporter les hors-d'œuvre... Elle se rappelait être venue là, avant guerre, avec un garçon roux, un admirateur qui n'était pas allé jusqu'à la demander en mariage... Mais enfin, comment lui dire d'être un peu plus fidèle à l'image de son père ? Elle était veuve ; l'homme qu'elle avait épousé s'était fait tuer à la guerre... Comment lui dire qu'il fallait se laver les dents ? Si elle prendrait du minestrone ? Oui. Et comme plat de résistance, Wiener Schnitzel ? poulet Marengo ? Vous le servez avec des champignons ? frais ? Il faut absolument que je lui dise quelque chose qui lui reste dans les moments, enfin, les moments de tentation. « Ma mère... » Ils en mettent un temps ! Tiens, voilà les hors-d'œuvre à la table à côté, mais les sardines il n'y en a déjà plus.

George ne pipe mot ; il fait des yeux de carpe qui jaillit à la surface après un hiver dans les profondeurs et aperçoit au-dessus de cette carafe du Soho les mouches qui dansent, les jambes des filles.

Portrait cinq

« Moi », dit-elle en observant avec une secrète satisfaction le gâteau couvert d'un glaçage blanc, dont il restait encore un bon morceau puisqu'elle n'avait fait qu'y mettre la dent, « moi je fais partie des gens qui prennent tout à cœur. »

Sa fourchette à mi-chemin, elle réussit à passer sa main dans sa fourrure comme pour montrer avec quelle tendresse de mère-sœur-épouse elle caresserait un chat s'il n'y avait qu'un chat à caresser dans la pièce. Puis elle distilla un peu de ce parfum qu'elle tenait dans une glande de sa joue pour couvrir les effluves parfois malodorants de sa personne aux mérites méconnus.

Elle ajouta : « A l'hôpital, les hommes m'appelaient Petite Mère », et regarda l'amie assise en face d'elle, comme si elle allait confirmer ou infirmer ce portrait. Mais puisqu'un silence lui répondait, puisque seuls les objets inanimés lui rendaient cette justice que l'humanité égoïste lui déniait, elle piqua la dernière bouchée de gâteau et l'avala.

Portrait six

Je n'ai pas de chance ; j'aurais dû naître dans les années quatre-vingts ; je me sens étranger ici. Pas question de porter une rose à la boutonnière, comme il conviendrait. J'aurais dû avoir une canne, comme mon père, et même dans Bond Street il faut porter un feutre mou au lieu d'un haut-de-forme. Pourtant j'aime toujours, si le mot a encore un sens, la société, avec ses couches bien distinctes comme ces tranches napolitaines enveloppées dans du papier fantaisie — il est vrai qu'on raconte que les Italiens les conservaient sous leur lit à Bethnal Green. Le temps où Oscar Wilde faisait des mots; la dame aux lèvres rouges sur une peau de tigre posée sur un sol astiqué, gueule du tigre grande ouverte. «Mais elle fait de la peinture!» C'était la formule de ma mère. Quand elle parlait des dames de Piccadilly. C'était mon univers. Tout le monde peint à présent. Tout est blanc comme de la meringue, même les maisons de Bond Street avec leur béton et leur armature d'acier.

Tandis que moi je suis amateur de fraîcheur : vues de Venise; jeunes filles sur un pont; pêcheur à la ligne; calme dominical; barque à fond plat, peut-être. Je m'en vais par le prochain omnibus à moteur prendre le thé chez Tante Mabel à Addison Road. Sa maison a gardé quelque chose de ce dont je parle; la chèvre, couchée au soleil sur le trottoir; cette vieille chèvre aristocratique; et les conducteurs d'omnibus portant les faisans des Rothschild accrochés à leur fouet[1]; et un jeune homme comme moi assis sur le siège à côté du conducteur.

Mais ici elles brandissent des bâtons de marche jusque dans Piccadilly; certaines en cheveux et toutes fardées. Et vertueuses, et sérieuses; ils sont désespérés les jeunes d'aujourd'hui, à foncer vers la révolution dans leurs voitures de course. Les clématites sentent l'essence dans le Surrey, je vous assure! tiens, et là, au coin, cette brique vieux rose qui rend l'âme dans un souffle de poudre! Qui s'en soucie, à part moi — et Oncle Edwin et Tante Mabel? Eux lèvent leur petite chandelle contre toutes ces horreurs; c'est plus que nous n'en pouvons dire, nous qui entraînons le grand lustre dans notre chute. Je le dis toujours, casser une assiette, c'est à la portée de n'importe qui; moi, ce que j'admire, c'est la porcelaine ancienne, recollée.

Portrait sept

Oui, je l'ai connue, Vernon Lee[2]. Enfin, nous avions une villa. Je me levais aux aurores pour aller visiter les galeries d'art avant qu'il y ait foule. Je suis éprise de beauté... Non, je ne peins pas moi-même, mais on n'en n'apprécie peut-être l'art que mieux. Ils sont si bornés, les artistes, et puis de nos jours ils mènent une vie si déréglée. Fra Angelico, vous le savez sûrement, peignait à genoux, lui. Je vous disais donc que j'ai connu Vernon Lee. Elle avait une villa, nous avions une villa — noyée sous la glycine (ça ressemble à du lilas, en plus beau) et les arbres de Judée. Ah, faut-il qu'on vive dans South Kensington plutôt qu'en Italie ! Remarquez que moi j'y suis encore, à Florence. Par le cœur. Et c'est par le cœur qu'on vit, n'est-ce pas ? sa vraie vie. Enfin moi je fais partie des gens qui ont besoin de beauté, ne serait-ce que dans une pierre, dans un pot — ça ne s'explique pas. Mais ce que je peux vous dire, c'est qu'à Florence on rencontre des gens épris de beauté. Nous y avons rencontré un prince russe, et puis dans une soirée un homme très connu dont le nom ne me revient pas. Et un jour que j'étais devant ma villa, sur la route, il est passé une petite vieille dame avec son chien en laisse. C'était peut-être Ouida[2], ou bien Vernon Lee ? Je ne lui ai jamais parlé mais, en un sens — le vrai sens —, moi qui suis éprise de beauté, j'ai toujours l'impression de l'avoir connue, Vernon Lee.

Portrait huit

« Moi je fais partie des gens simples ; je suis peut-être vieux jeu, mais je crois aux valeurs durables — l'amour, l'honneur, la patrie. Je l'avoue sans fausse honte, l'amour conjugal, moi j'y crois. »

Oui, le *nihil humanum* vous vient souvent à la bouche, seulement vous prenez bien garde de ne pas parler latin trop souvent; parce qu'il vous faut gagner de l'argent, pour en vivre d'abord, et puis pour y vivre aussi : mobilier Queen Ann; des copies surtout.

«Je ne fais pas partie des gens brillants, mais j'ai au moins une qualité : j'ai du sang dans les veines, moi. Je suis à l'aise avec le pasteur; avec le patron quand je vais au pub jouer aux fléchettes avec les gars du coin.»

Oui, vous êtes l'homme moyen; l'intermédiaire; tenue de soirée pour Londres, costumes de tweed pour la campagne. Et Shakespeare et Wordsworth font partie du patrimoine familial pour vous.

«Ce que je ne supporte pas, je dois le dire, ce sont ces sang-de-navet qui...»

...Occupent le sommet ou le bas de l'échelle. Vous, vous êtes le champion de l'entre-deux.

«Et puis j'ai ma famille.»

Ça oui, vous êtes prolifique au dernier degré. Vous êtes partout : on se promène dans le jardin et qu'est-ce qu'on trouve, là, sur les choux? Du justemilieu. Le justemilieu contamine les moutons. Jusqu'à la lune qui est sous votre coupe. Voilée. Vous affadi-ternissez, vous enrespectabilisez jusqu'au tranchant d'argent (excusez la formule) de la faucille céleste. Et moi je demande aux mouettes qui crient sur les grèves désolées, aux ouvriers de ferme qui rentrent chez leur femme, qu'adviendra-t-il de nous, hommes, femmes et oiseaux, si le règne du justemilieu arrive? S'il n'y a plus qu'un sexe intermédiaire, plus d'amants ni d'amis?

«Oui, moi je fais partie des gens simples. Je suis peut-être vieux jeu, mais, je l'avoue sans fausse honte, l'amour du prochain, j'y crois.»

Oncle Vania

« Ces Russes, quelle clairvoyance... ! Ils percent à jour tous nos petits camouflages, les fleurs sur la décrépitude, l'or et le velours sur la misère. Les cerisiers et les pommiers, ils les percent à jour aussi », pensait-elle pendant la pièce. Puis un coup de feu claqua.

« Et voilà ! Il l'a abattu. Ce n'est pas trop tôt. Ah, mais il a raté son coup ! Il n'a pas une égratignure, ce vieux scélérat en ulster à carreaux, celui qui se teint les favoris... Il lui a tiré dessus, c'est déjà ça. Il a trouvé la force de se lever tout d'un coup, de grimper l'escalier en titubant et de prendre son pistolet. Il a appuyé sur la détente, la balle est allée se loger dans le mur, ou dans un pied de table. Mais enfin, il a raté son coup. Oublions tout mon cher Vania, redevenons amis comme autrefois, dit-il... Les voilà partis. On entend les clochettes des chevaux dans le lointain. Est-ce que c'est vrai pour nous aussi ? », se demanda-t-elle, menton dans la main, en regardant la jeune fille sur scène. « Est-ce que nous entendons les clochettes des chevaux là-bas sur la route, nous ? » Elle pensa aux taxis et aux omnibus de Sloane Street parce qu'ils habitaient une des grandes maisons de Cadogan Square.

— Nous allons nous reposer, disait la jeune fille en serrant Oncle Vania dans ses bras. Nous allons nous reposer. » Les mots tombaient goutte à goutte, l'un après l'autre. « Nous allons nous reposer, répétait-elle, nous allons nous reposer, Oncle Vania.

Et le rideau tomba.

— Mais nous, dit-elle tandis que son mari l'aidait à enfiler son manteau, nous n'avons même pas chargé le pistolet. Nous ne sommes même pas fatigués.

Et ils restèrent debout un moment devant la rambarde, pendant qu'on jouait le *God Save the King*.

— Ces Russes, qu'ils sont morbides! dit-elle en le prenant par le bras.

Bohême, la bâtarde

— Elle avait un si joli sourire, dit Mary Bridger, pensive.
C'était un soir tard, et les Bridger et les Bagot parlaient des vieux amis, au coin du feu. Helen Folliott, la jeune femme au joli sourire, avait disparu. Personne ne savait ce qu'elle était devenue, mais on racontait qu'il lui était arrivé malheur, ce qui n'était pas pour les surprendre, ni les uns ni les autres, et, chose curieuse, aucun d'entre eux ne l'avait oubliée.

— Un si joli sourire, répéta Lucy Bagot.

Alors, ils se mirent à évoquer la bizarrerie des affaires humaines : on s'en sort ou on coule, ça tient à si peu de chose ; on se rappelle ceci et on oublie cela ; des petits riens changent tout ; tels qui se voyaient tous les jours se séparent tout d'un coup pour ne plus jamais se revoir.

Puis il y eut un silence et c'est ainsi qu'ils entendirent un coup de sifflet lointain, à peine audible — train ou sirène — qui passa sur les champs plats du Suffolk et s'évanouit. Il faut croire que cela leur rappelait quelque chose, aux Bagot du moins, car Lucy dit en regardant son mari :

— Elle en avait un joli sourire, elle.

Il acquiesça :

— Comment noyer un chiot qui rit au nez de la mort ?

On aurait dit une citation ; les Bridger eurent l'air abasourdi.

— C'est de notre chienne qu'il parle, précisa Lucy.

— Mais racontez-nous donc son histoire, prièrent les Bridger qui aimaient les chiens tous deux.

Au début, Tom Bagot se sentit gêné comme les gens qui se

prennent en flagrant délit d'émotion excessive. Il protesta en outre que ce n'était pas une histoire mais une étude de caractère et qu'ils allaient le trouver bien sentimental. Mais, comme ils insistaient, il reprit tout de go :

— On ne peut pas noyer un chiot qui rit au nez de la mort ; c'est le vieux Holland qui disait ça. Il a dit ça le soir de neige où il la tenait au-dessus de la barrique d'eau. C'était un fermier du Wiltshire. Il avait entendu des Bohémiens, enfin, un coup de sifflet, et il était sorti dans la neige avec un nerf de bœuf. Plus personne ; seulement, ils avaient laissé quelque chose dans la haie. On aurait dit du papier froissé mais c'était un panier d'osier comme ceux que les femmes prennent pour faire le marché. Dedans, bien attaché pour ne pas qu'il les suive, il y avait un petit bout de chien ; ils lui avaient mis un quignon de pain et un peu de paille.

— Ce qui montre bien qu'ils n'avaient pas eu le cœur de la tuer, glissa Lucy.

— Et le fermier non plus, poursuivit Tom Bagot. Il l'a tenue au-dessus de l'eau et elle lui a souri comme ça », sa moustache grisonnante découvrit ses dents, « au clair de lune. Alors, il ne l'a pas tuée. C'était une vilaine petite bâtarde, une vraie chienne à Bohémiens, moitié fox-terrier moitié Dieu sait quoi. A la voir comme ça, elle n'avait jamais dû manger à sa faim. Sa robe était rêche comme un paillasson. Seulement elle avait... qu'est-ce qui fait qu'on passe tout à quelqu'un tout en sachant très bien qu'on a tort ? C'est du charme ? du caractère ? Elle en avait, c'est sûr ; sinon, pourquoi est-ce qu'il l'aurait gardée, je vous le demande ? Elle lui empoisonnait l'existence, elle dressait ses voisins contre lui, à pourchasser leurs poules, à harceler les moutons. Il a été sur le point de la tuer bien dix fois, mais pas moyen de s'y résoudre — jusqu'au jour où elle a tué le chat ; le chéri de sa femme. C'est sa femme qui a insisté. Encore un coup, il sort la chienne dans la cour, il la coince contre le mur, il s'apprête à appuyer sur la détente et voilà qu'une fois de plus elle lui sourit, elle rit au nez de la mort et il n'a pas le cœur de la tuer. Si bien qu'ils l'ont donnée au boucher pour qu'il fasse ce dont ils étaient incapables. Et là, encore un coup de hasard, un petit miracle en somme, le matin même notre lettre est arrivée ; vous direz ce que vous voudrez, c'est quand même un coup de chance ! Nous habitions Londres à l'époque, et nous avions une vieille Irlandaise de cuisinière qui jurait avoir entendu des rats dans les boiseries : elle disait qu'elle ne passerait pas une nuit de plus sous notre toit, et ainsi de suite. Par hasard toujours — nous avions passé un été là-bas —, j'ai pensé à Holland et je lui ai écrit pour lui demander s'il n'aurait pas un chien à nous vendre, un terrier ratier. Le facteur a rencontré le boucher et c'est le boucher qui a porté la lettre. Et Bohême était sauvée une fois de plus, à un poil près ; j'aime mieux vous dire qu'il était content, le vieux Holland. Il l'a collée dans le premier train avec un mot : «Elle paye pas de mine, mais, croyez-moi, elle a du caractère, quelque chose d'exceptionnel!» Nous l'avons mise sur la table de la cuisine... une pitié ! La vieille Biddy : «Elle, la chasse aux rats ? C'est eux qui vont la manger, oui!» Mais elle ne l'a pas dit deux fois.

Tom Bagot marqua un temps. Apparemment, il était arrivé à un point de l'histoire qu'il avait du mal à raconter : les hommes ont déjà du mal à dire pourquoi ils sont tombés amoureux d'une femme, alors d'un terrier bâtard... Pourtant, de toute évidence, c'était bien ce qui s'était passé. Il avait trouvé un charme indicible à cette petite bête. C'était bien une histoire d'amour qu'il racontait là, Mary Bridger en était sûre, rien qu'au ton de sa voix et il lui vint l'idée farfelue qu'il avait été amoureux d'Helen Folliot, la jeune femme au joli sourire ; après tout, c'était lui qui avait fait le rapprochement.

Toutes les histoires ne sont-elles pas liées, se demanda-t-elle, si bien qu'elle laissa passer une ou deux phrases du récit. Quand elle reprit le fil, les Bagot se rappelaient des petites histoires toutes bêtes qu'ils n'avaient qu'à moitié envie de raconter et qui pourtant avaient tellement d'importance.

— Elle faisait tout de son propre chef, disait Tom Bagot. Nous ne lui avions jamais rien appris. Et tous les jours elle inventait quelque chose de nouveau ; elle avait plus d'un tour dans son sac. Elle m'apportait le courrier dans sa gueule ; quand Lucy allumait une allumette, elle l'éteignait », il donna du poing sur une allumette, « comme ça, patte nue. Quand le téléphone sonnait, elle aboyait ; ça voulait dire ''Maudite sonnerie'', clair et net. Et les visiteurs... Tu te rappelles comme elle jaugeait nos amis ? On aurait dit que c'était les siens. Si elle sautait, si elle léchait la main c'était ''Vous pouvez rester'' ; si elle se précipitait à la porte comme pour montrer la sortie, c'était ''Allez, on ne veut pas de vous''. Et elle ne se trompait jamais, elle avait autant de jugement que vous et moi.

— Oui, confirma Lucy, c'était un chien qui avait du caractère, et pourtant — raison de plus pour l'aimer, d'ailleurs —, il y avait des gens qui ne s'en rendaient pas compte. Celui qui nous a donné Hector, par exemple.

Bagot reprit l'histoire :

— Il s'appelait Hopkins, courtier de son état ; très fier de sa petite propriété dans le Surrey ; vous voyez le genre, bottes et guêtres, droit sorti d'une revue de sport. M'est avis que dans un cheval il ne reconnaissait pas la crinière de la queue, mais enfin il disait que ça lui faisait mal au cœur de nous voir avec ce ''petit corniaud minable''. » A la façon dont il rapportait le mot, on sentait qu'il en avait été blessé. « Alors, il a pris sur lui de nous faire un cadeau, un chien nommé Hector.

— Un setter fauve, expliqua Lucy.

— La queue raide comme un passe-lacet, reprit Bagot, et un pedigree long comme le bras. Elle aurait pu bouder, Bohême, elle aurait pu prendre la chose de travers. Mais c'était un chien de bon sens. Pas mesquine pour deux sous. Vivre et laisser vivre, il faut de tout pour faire un monde, c'était sa devise. On les rencontrait tous deux dans la grand-rue, bras dessus bras dessous, j'allais dire ; en balade. Elle a bien dû lui apprendre un ou deux tours, oui...

— C'était un monsieur, ça tu ne peux pas le lui enlever, interrompit Lucy.

— Un peu bas de plafond, dit Tom Bagot en se frappant le front.

— Mais quelle éducation !

Il n'y a rien de tel qu'une histoire de chien pour faire ressortir la personnalité de chacun, se dit Mary Bridger. Comme de juste, Lucy Bagot était du côté du monsieur et Tom de celui de la dame. Mais le charme de la dame avait conquis Lucy Bagot elle-même, qui n'était pourtant pas tendre avec le beau sexe. Il faut croire que cette dame-là avait un je-ne-sais-quoi.

— Et alors ? demanda Mary.

— Tout allait à merveille ; nous étions une famille heureuse, poursuivit Tom. L'harmonie parfaite jusqu'au jour où...» Il hésitait. «...A bien y réfléchir, bredouilla-t-il, c'est la nature, il faut bien l'admettre. Elle était dans la fleur de l'âge — deux ans, ça fait combien pour un humain, ça? dix-huit ans? vingt ans ? Pleine de vie avec ça, fringante, comme on doit l'être à cet âge.

Il se tut ; sa femme vint à sa rescousse :

— Tu penses au soir où les Harvey Sinnott ont dîné à la maison. Le 14 février, c'est-à-dire, ajouta-t-elle avec un petit sourire mystérieux, la Saint-Valentin.

— On l'appelle le jour des amours dans mon pays, plaça Dick Bridger.

— Tout juste, reprit Tom Bagot, Saint-Valentin, c'est le patron des amoureux, hein ? Donc, ce soir-là, venait dîner un certain Harvey Sinnott avec sa femme. Nous ne nous étions jamais rencontrés. Lui travaillait pour la compagnie.» Tom Bagot était le représentant londonien de la grande compagnie de Liverpool, Harvey, Marsh et Coppard. «Ça n'était pas une petite affaire ; pour des gens simples comme nous, c'était même éprouvant. Nous voulions les recevoir le mieux possible, nous faisions notre maximum ; et elle», il désignait sa femme, «elle a commencé à se mettre en quatre des jours à l'avance. Il fallait que tout soit impeccable : Lucy, vous la connaissez...

Il lui tapota le genou. Mary Bridger connaissait Lucy et elle voyait comme si elle y était la table mise, l'argenterie étincelante, tout «impeccable» comme disait Tom Bagot, pour ces hôtes de marque.

— Une grande réussite, hein, pas d'erreur, poursuivit Tom Bagot, un brin guindé...

— Elle faisait partie de ces femmes qui vous parlent en ayant toujours l'air de se demander : Combien ça a coûté ? C'est du vrai ?, glissa Lucy, et puis sur son trente et un. On n'en était pas au dessert qu'elle nous répétait quel plaisir c'était — parce qu'ils étaient descendus au Ritz ou au Carlton, comme d'habitude —, quel plaisir c'était de faire un petit dîner tranquille, si simple, si familial; quelle détente...

— Elle n'avait pas plus tôt dit ça, interrompit Tom Bagot, qu'il y a eu comme un tremblement de terre sous la table, du remue-ménage, un petit cri... Alors elle s'est levée d'un bond avec toute sa...» l'envergure de ses bras tentait de restituer le volume de la dame, «sa panoplie, risqua-t-il, et elle s'est mise à hurler : "Il y a quelque chose qui me mord! Il y a quelque chose qui me mord!"» Il piaillait pour l'imiter. «Je me suis glissé sous la table.» Il regardait sous le volant d'un fauteuil. «Ah, la misérable! le petit démon! Là, par terre, aux pieds de la bonne dame, elle venait de mettre bas — elle avait eu un chiot.» Le souvenir était irrésistible. Il se renversa dans sa chaise, secoué par un éclat de rire. «Alors, reprit-il, je les ai enveloppés dans une serviette, je les ai emportés dehors (Dieu merci, le chiot était mort, raide mort) et je l'ai mise au pied du mur. Je le lui ai tenu sous le nez, dans la cour, au clair de lune, sous le regard clair des étoiles. J'aurais pu la rouer de coups, mais comment frapper un chien qui rit...

— Au nez des bonnes mœurs? suggéra Dick Bridger.

— Si vous voulez, sourit Bagot, mais quelle vitalité, nom d'une pipe! Elle s'est mise à faire le tour de la cour, la drôlesse, pour courser un chat!... Non, elle m'a désarmé.

— Et puis les Harvey Sinnot ont été très chic, ajouta Lucy, ça a brisé la glace et nous sommes devenus bons amis.

— Nous lui avons pardonné, poursuivit Tom Bagot, nous lui avons dit que nous ne voulions pas que ça se reproduise et ça ne s'est pas reproduit; jamais. Seulement, elle a trouvé autre chose, elle avait de l'idée; des histoires, je pourrais vous en raconter je ne sais combien, mais moi, les histoires... » Il secouait la tête. « Je trouve que ça ne veut rien dire. Un chien, ça a son caractère comme vous et moi et il se manifeste comme le nôtre dans ce que nous disons, par toutes sortes de détails.

— En entrant dans une pièce, ajouta Lucy, on se prenait (ça a l'air absurde, mais c'est vrai) à se demander : Mais enfin pourquoi est-ce qu'elle a fait ça? Exactement comme si c'était un être humain; seulement, comme c'était un chien, il fallait deviner. On n'y arrivait pas toujours. Prenez le coup du gigot, par exemple. Elle l'avait chipé sur la table et elle le gardait entre ses pattes en riant. Pour faire une farce? A nos dépens? C'était à croire... Et un jour, c'est nous qui avons essayé de lui jouer un tour. Elle raffolait des fruits, des fruits crus, des pommes, des prunes. Nous lui avons donné une prune avec son noyau. Nous nous demandions : Qu'est-ce qu'elle va en faire? Eh bien, croyez-moi, pour ne pas nous vexer, elle l'a prise dans sa gueule, elle a attendu que nous regardions ailleurs, elle a laissé tomber le noyau dans son bol d'eau et elle est revenue en remuant la queue comme pour dire : "Je vous ai bien eus!"

— Oui, dit Tom Bagot, elle nous a donné une leçon. Je me suis souvent demandé ce qu'elle pensait de nous — là-bas, au milieu des bottes et des allumettes, sur le tapis près du feu. Qu'est-ce que c'était, son monde? Est-ce que les chiens voient la même chose que nous?

Eux aussi regardèrent les bottes et les allumettes brûlées; ils essayèrent un instant de poser leur museau sur leurs pattes pour contempler les cavernes rouges et les flammes jaunes d'un œil de chien. Mais ils furent incapables de répondre.

— On les voyait couchés là, reprit Bagot, Bohême et Hector, chacun de son côté du feu; c'était le jour et la nuit. Tout les séparait, la naissance, l'éducation. Lui, c'était un aristocrate, elle une chienne du peuple. C'était bien normal, avec une mère qui braconnait, un père Dieu sait quoi et un maître bohémien. On les sortait tous deux, Hector raide comme la justice, la loi et l'ordre faits chien; Bohême sautant les grillages, faisant la chasse aux canards royaux mais toujours du parti des mouettes, vagabondes comme elle. Nous l'emmenions au bord de la Tamise, là où les gens viennent donner à manger aux mouettes. "Allez, prends ton bout de poisson, tu l'as bien gagné", elle leur disait. Vous me croirez si vous voulez, je l'ai vue leur tendre du poisson dans sa gueule. Mais elle n'avait pas de patience avec les riches, les toutous, les carlins, les chiens de manchon. On pouvait s'imaginer qu'ils en discutaient tous deux, sur le tapis. Et elle a réussi à le faire changer de bord, ce vieux tory, nom d'une pipe ! Nous aurions dû nous en douter. Oui, je me le suis souvent reproché, mais c'est toujours pareil, après les drames, on voit très bien comment on aurait pu les éviter.

Une ombre passa sur son visage comme s'il se rappelait un petit drame qu'il aurait pu éviter, comme il disait, et qui pour ses interlocuteurs ne serait pas plus grave que la chute d'une feuille ou la noyade d'un papillon. Les Bridger firent une tête de circonstance : peut-être s'était-elle fait écraser par une voiture, peut-être la leur avait-on volée.

— C'est ce crétin d'Hector, reprit Bagot, moi je n'aime pas les chiens de race. C'est sans malice, mais sans caractère, aussi. Peut-être bien qu'il était jaloux. Et puis il n'avait pas le sens de la mesure, lui. Chaque fois qu'elle faisait quelque chose, il fallait qu'il la batte sur son propre terrain. Bref, un beau jour, voilà qu'il saute le mur du jardin, il fonce tête baissée dans la serre des voisins, il passe entre les jambes d'un petit vieux et il entre dans une voiture. Il s'en est tiré sans une égratignure mais avec une araignée dans le plafond — sans compter que sa petite escapade nous est revenue à cinq livres dix, plus une visite au commissariat. Tout ça, c'était sa faute à elle : sans elle, il aurait été doux comme un mouton. Enfin, il y en avait vraiment un de trop. En bonne logique c'est d'elle que nous aurions dû nous débarrasser, mais vu sous un autre angle... Mettons que vous ayez deux bonnes, une de trop ; l'une a toutes les chances de retrouver une place, mais l'autre... elle n'est pas dans les moyens de tout le monde, elle risque de se retrouver sans emploi, dans la panade. Dans un cas comme ça, vous n'hésiteriez pas, vous feriez comme nous. Nous avons gardé Bohême et donné Hector à des amis. C'était peut-être injuste, en tout cas, c'est là que les ennuis ont commencé.

— Oui, les choses se sont gâtées, après, dit Lucy Bagot. Elle s'est dit qu'elle avait chassé un brave chien de chez lui. Elle le montrait de tas de façons, ces petites façons bizarres, les chiens n'ont pas autre chose pour s'exprimer, dans le fond.

Il y eut un silence. Cette mystérieuse tragédie se rapprochait ; il se rapprochait, ce petit drame que ces deux quadragénaires avaient tant de mal à raconter et tant de mal à oublier.

— Jusque-là, nous n'avions jamais compris ses qualités de cœur, reprit Bagot. Comme dit Lucy, les êtres humains, ils parlent. Ils peuvent dire pardon et c'est terminé. Mais les chiens ce n'est pas la même chose, ça ne parle pas ; seulement ça n'oublie pas pour autant.

— Elle n'oubliait pas, elle, confirma Lucy. Elle le montrait. Un soir, par exemple, elle a rapporté une vieille poupée de chiffon au salon. J'étais toute seule, elle l'a posée par terre, en cadeau — pour me dédommager d'avoir perdu Hector.

— Une autre fois, poursuivit Bagot, elle nous a ramené un chat blanc. En piteux état, couvert de plaies, même plus de queue. Il ne décollait plus. Nous n'en voulions pas, et elle non plus, mais ça avait un sens. Est-ce que c'était sa manière à elle de nous dédommager de la perte d'Hector ? Peut-être bien...

— A moins qu'il n'y ait eu une autre raison, poursuivit Lucy. Là-dessus, je n'ai aucune certitude ; est-ce qu'elle voulait nous mettre sur la voie ? pour nous préparer ? Ah, si elle avait pu parler ! Nous l'aurions raisonnée, nous aurions essayé de la convaincre. Du reste, tout l'hiver, nous avons vaguement senti qu'il y avait quelque chose qui n'allait pas : elle s'endormait et elle se mettait à japper dans son sommeil comme si elle rêvait ; elle se réveillait, elle faisait le tour de la pièce les oreilles dressées comme si elle avait entendu un bruit ; souvent j'allais à la porte. Personne. Parfois, elle se mettait à trembler comme une feuille — de peur, de désir. Si ça avait été une femme, on aurait dit qu'une tentation la prenait ; elle essayait de résister mais elle n'y arrivait pas. Elle avait quelque chose dans le sang, pour ainsi dire, c'était plus fort qu'elle. C'est ce que nous nous disions. Elle s'est mise à ne plus vouloir sortir avec nous. Elle restait sur son tapis devant le feu, aux aguets. Mais il vaut mieux que je vous raconte les faits, vous jugerez vous-mêmes.

Lucy s'arrêta mais Tom lui fit signe de continuer :

— Raconte la fin, toi, dit-il, pour la bonne raison qu'aussi absurde que cela paraisse il n'était pas sûr d'y arriver lui-même.

Alors Lucy Bagot, d'une voix sans timbre, comme si elle lisait le journal :

— C'était un soir d'hiver, le 16 décembre 1937. Auguste, le chat blanc, était assis d'un côté du feu et Bohême de l'autre. Il neigeait ; tous les bruits de la rue étaient étouffés, par la neige j'imagine. Tom a dit : "Quel silence, on se croirait à la campagne !" Et bien sûr ça nous a fait tendre l'oreille. Un autobus est passé au loin, une porte a claqué, on a entendu des pas qui s'éloignaient. Tout semblait disparaître, se perdre dans la neige qui tombait. Et alors — nous l'avons entendu parce que nous tendions l'oreille —, il y a eu un coup de sifflet, un long coup de sifflet, pas fort, qui s'est perdu lui aussi. Bohême l'a entendu ; elle a levé la tête ; elle tremblait comme une feuille, et puis elle a souri... » Lucy s'arrêta, puis maîtrisant sa voix : « Le lendemain matin, elle était partie.

Il y eut un silence de mort. Ils avaient le sentiment qu'un grand vide les entourait, que des amis disparaissaient à jamais, appelés par une voix mystérieuse, tout là-bas dans la neige.

— Vous ne l'avez jamais retrouvée ? s'enquit enfin Mary Bridger.

Tom Bagot secoua la tête :

— Nous avons fait tout ce qui était en notre pouvoir, offert une récompense, été à la police... Le bruit a couru que quelqu'un avait vu passer des Bohémiens.

— Qu'est-ce qu'elle a pu entendre à votre avis ? Qu'est-ce qui la faisait sourire ? » demanda Lucy Bagot. Puis elle s'exclama : « Ah, mon Dieu, faites que ce n'ait pas été sa dernière heure !

Le symbole

Il y avait un petit creux au sommet de la montagne, comme un cratère lunaire. Il était envahi d'une neige irisée gorge-de-pigeon, ou pâle comme la mort. De temps en temps, un tourbillon de particules sèches s'élevait, pour ne rien recouvrir : c'était trop haut pour les bêtes, même celles qui portent fourrure. Cependant, la neige s'irisait par instants, devenait rouge sang, blanc pur, selon les jours.

Les tombes de la vallée — les versants étaient vastes, roc pur d'abord, où se déposait la neige; plus bas, un pin accroché à un pic; puis une hutte solitaire; puis une soucoupe de vert pur; puis une grappe de toits comme des coquilles d'œuf, et enfin tout en bas un village, un hôtel, un cinéma et un cimetière —, les tombes du cimetière voisin de l'hôtel rappelaient le nom de plusieurs hommes tombés au cours d'une escalade.

« La montagne est un symbole », venait d'écrire la dame assise au balcon de l'hôtel. Elle s'interrompit; avec ses jumelles, elle parvenait à voir le sommet de la montagne; elle fit la mise au point comme pour voir la nature de ce symbole. Elle était en train d'écrire à sa sœur aînée qui vivait à Birmingham.

Le balcon donnait sur la rue principale de cette station des Alpes, comme une loge de théâtre. Il y avait très peu de salons privés, si bien que les pièces ou ce qui en tenait lieu, disons les levers de rideau, se jouaient en public. C'était toujours du provisoire, des préludes, des levers de rideau, des passe-temps qui aboutissaient rarement à une conclusion — mariage ou amitié durable par exemple — et qui avaient un côté fantasque, aérien, en suspens. Il était si difficile de hisser quoi que ce soit de solide à de telles altitudes. Même les maisons semblaient en toc. Le temps que parvienne au village la voix du présentateur anglais, elle semblait irréelle, elle aussi.

La dame baissa ses jumelles pour saluer les jeunes gens qui s'apprêtaient à partir, dans la rue. L'un d'entre eux était une vague relation, une de ses tantes avait été directrice de l'école que fréquentait sa fille. Sans lâcher sa plume où s'accrochait une goutte d'encre, elle salua les alpinistes. « La montagne est un symbole », avait-elle écrit. Mais de quoi ? Vers 1840, deux hommes avaient péri, vingt ans plus tard quatre autres. Pour les premiers, c'était la corde qui s'était rompue ; les seconds s'étaient laissé surprendre par la nuit et ils étaient morts de froid. Il y a toujours un sommet à vraincre dans la vie. C'était bien le cliché, mais cela ne rendait pas compte de l'image qui s'était formée dans son esprit après qu'elle avait vu au bout de ses jumelles le sommet vierge.

Elle poursuivit à bâtons rompus : « Je me demande pourquoi cela me rappelle l'île de Wight. Tu te souviens, lorsque maman était mourante, c'est là que nous l'avions amenée. Je me mettais au balcon lorsque le bateau arrivait et je lui décrivais les passagers. Je lui disais, je crois que c'est Mr. Edwardes... Il vient de quitter la passerelle... Maintenant tous les passagers sont à terre... Maintenant le bateau vient de faire demi-tour... Je ne t'en ai jamais parlé, naturellement, tu étais aux Indes, enceinte de Lucy ; quand le médecin venait, j'avais tellement hâte qu'il soit formel, qu'il dise : ''Elle en a pour une semaine.'' Dix-huit moisi, c'était interminable. La montagne vient de me rappeler que, lorsque j'étais toute seule, je fixais les yeux sur sa mort comme sur un symbole. Je me disais que si j'arrivais là — à être libre, nous devions attendre sa mort pour nous marier, tu t'en souviens —, à cette époque je n'avais pas de montagne en face de moi, je fixais un nuage... je me disais que quand j'arriverais là — je ne l'ai jamais dit à personne tant ça semblait inhumain — alors j'atteindrais le sommet. Et j'imaginais tant de perspectives ! Il est vrai que nous sommes issues d'une famille anglo-indienne. A force d'entendre des histoires, aujourd'hui encore je me représente comment les gens vivent dans d'autres parties du monde : je vois les huttes de torchis des sauvages, les éléphants qui s'abreuvent dans les étangs. Avec tous ces oncles et ces cousins explorateurs, j'ai toujours eu un grand désir de faire de l'exploration moi-même. Seulement bien sûr, quand j'ai enfin été libre, après d'aussi longues fiançailles, il nous a paru plus raisonnable de nous marier.»

Elle regarda la maison d'en face : la femme secouait une carpette au balcon. Tous les matins, à la même heure, elle sortait. Son balcon était à un jet de pierre. Elles en étaient arrivées à se sourire, la rue entre elles.

«Les petits chalets ressemblent beaucoup aux maisons de Birmingham, ajouta-t-elle en reprenant la plume. Tout le monde prend des pensionnaires, l'hôtel affiche complet. La cuisine n'est pas variée mais on n'y mange pas mal à proprement parler. Et puis naturellement on a une vue magnifique, on voit la montagne de toutes les fenêtres — mais enfin ici c'est vrai partout. Je t'assure que j'en crierais parfois, quand je sors de la seule boutique qui vende des journaux (ils arrivent avec une semaine de retard), j'en crierais de toujours voir cette montagne. Parfois, on la croirait de l'autre côté de la rue ; d'autres fois, loin, on dirait un nuage ; sauf qu'elle ne bouge pas. Il est de fait que la conversation, même celle des invalides, et il y en a partout, roule exclusivement sur la montagne. Tantôt : "Comme on la voit bien aujourd'hui, on dirait qu'elle est de l'autre côté de la rue !" ; tantôt : "Qu'elle est loin, on dirait un nuage !" C'est le cliché qui revient. Hier soir, pendant l'orage, j'espérais que pour une fois elle serait cachée ; mais, juste au moment où on apportait les anchois, le révérend W. Bishop a dit : "Regardez, voici la montagne !"

«Je suis égoïste? Je devrais avoir honte, quand il y a tant de souffrance autour de moi? Je ne parle pas seulement des touristes. Les autochtones ont leur fléau : le goitre. Bien sûr, cela s'enrayerait, avec de l'énergie et des moyens. On devrait sans doute avoir honte de s'appesantir sur ce qui est sans remède, après tout... Il faudrait un tremblement de terre pour anéantir cette montagne, tout comme, j'imagine, il en a fallu un pour qu'elle se soulève. J'ai demandé à Herr Melchior, le propriétaire, s'il y avait encore des tremblements de terre de nos jours. Il dit que non, seulement des avalanches et des glissements de terrain. On en a vu rayer tout un village de la carte. Mais ici on ne risque absolument rien, c'est ce qu'il a ajouté aussitôt.

« Pendant que je t'écris, je vois les jeunes gens très nettement sur les pentes ; ils sont encordés. J'ai dû te dire qu'il y en a un qui a fréquenté la même école que Margaret. Voilà qu'ils passent une crevasse à présent... »

La plume lui tomba des mains et la goutte d'encre dégoulina en zigzag sur la page. Les jeunes gens avaient disparu.

Ce n'est que tard dans la soirée, quand les sauveteurs eurent retrouvé les corps, qu'elle découvrit la lettre inachevée sur la table du balcon. Elle trempa sa plume et ajouta : « Les vieux clichés sont de circonstance. Ils sont morts au cours de l'ascension... Et les paysans ont porté des fleurs printanières pour mettre sur leurs tombes. Ils sont morts en tentant de découvrir... »

Il ne semblait pas y avoir de conclusion adéquate. Elle ajouta : « Meilleurs baisers aux enfants » et signa du petit nom qu'ils lui donnaient.

La station balnéaire : flux reflux

Comme dans toutes les villes de bord de mer, il y flottait une odeur de poisson. Les boutiques en miniature étaient pleines de coquillages vernissés, durs, fragiles pourtant. Même les habitants évoquaient des coquillages : ils avaient un aspect frivole, comme si l'on avait extrait la chair de l'animal à la pointe d'une épingle, et que seule subsistât la coquille. Les vieux messieurs de la Promenade étaient des coquillages. Leurs guêtres, leurs culottes de cheval, leurs longues-vues semblaient les transformer en jouets. Qu'ils aient été de vrais marins, de vrais sportifs, c'était impossible, comme il était impossible que les coquillages qui ornaient le cadre des photographies ou des miroirs aient pu provenir du fond de la mer. Les femmes aussi, avec leurs pantalons, leurs petites chaussures à talons hauts, leurs sacs en raphia et leurs colliers de perles, semblaient des coquilles de vraies femmes qui sortent le matin faire leurs provisions.

A une heure, toute cette population de coquillages vernissés s'attablait par grappes au restaurant. Le restaurant sentait le poisson, le bateau de pêche qui a remonté ses filets pleins de sprats et de harengs. La consommation de poisson devait être énorme dans cette salle à manger. L'odeur en flottait jusqu'à la pièce marquée Dames, en haut des marches. Cette pièce était séparée en deux par une cloison. D'un côté on satisfaisait les besoins naturels, de l'autre, à la toilette, devant le miroir, l'art venait discipliner la nature. Trois jeunes femmes avaient atteint cette étape du rituel quotidien. Elles exerçaient leur droit à retoucher la nature, à la soumettre, avec leur houppette à poudre et leur boîtier de rouge. Ce faisant, elles bavardaient ; mais leurs propos étaient interrompus comme par le déferlement de la marée, et, au reflux, on entendait l'une d'entre elles dire : « Je l'ai jamais aimée cette petite mijaurée... Bert a jamais aimé les femmes fortes... Tu l'as vu depuis son retour ?... Ses yeux... qu'est-ce qu'ils sont bleus... des vrais lacs... Ceux de Gert aussi... Tu plonges dedans... Ils ont les mêmes dents... Ah, qu'est-ce qu'il a des belles dents blanches... Gert aussi... Mais les siennes, elles sont un peu de travers... quand il sourit... »

L'eau jaillit... le flot écuma et se retira, découvrant ensuite : « Mais faudrait qu'il soye plus prudent. S'y se fait prendre, c'est la cour martiale. » Là-dessus, il y eut une cataracte derrière la cloison. La marée de la station balnéaire semble perpétuel flux et reflux. Elle découvre ces petits poissons ; elle les rince à grande eau ; elle se retire et revoici les poissons qui sentent très fort une drôle d'odeur saumâtre dont s'imprègne toute la station balnéaire.

Mais, la nuit, la ville prend un aspect tout à fait éthéré. Il y a une lueur blanche à l'horizon. Il y a des cerceaux et des couronnes par les rues. La ville a sombré au fond de l'eau. Seul affleure son squelette, dessiné par des lampes de fée.

Dialogue sur le Pentélique

Certain groupe de touristes anglais descendait d'aventure, il n'y a guère que quelques semaines, les pentes du Pentélique. Certes, ils eussent été les premiers à récuser l'inexactitude, pis, l'injustice d'une telle description. Car nommer touriste celui que l'on rencontre à l'étranger, c'est définir outre sa situation présente son âme même ; et leur âme, eussent-ils dit — mais le pas de l'âne si souvent trébuche sur les cailloux —, n'était point dans un tel carcan : touriste l'Allemand, touriste le Français, l'Anglais, lui, est un Grec. Tel était le sens de leur discours, et fort bon sens à les en croire.

Le Pentélique, nous autres lecteurs du Baedeker[1] le savons bien, porte encore à son flanc la noble cicatrice infligée par ces tailleurs de pierre grecs qui reçurent pour tout salaire le sourire — ou les malédictions — de Phidias. Si bien que, pour rendre justice au lieu, il faut méditer sur plusieurs thèmes distincts, qu'on liera de son mieux. On peut penser qu'il s'encadra dans bien des fenêtres grecques — Platon levait les yeux de la page aux matins de soleil —, mais aussi voir en lui l'atelier et le domaine où d'innombrables esclaves usèrent leur vie. Et c'est avec profit que le groupe fit halte à midi pour cheminer parmi les blocs de marbre brut oubliés ou dédaignés, l'on ne sait pourquoi, lorsque les charrettes descendaient vers Athènes. Avec profit, car en Grèce, on oublierait que les statues sont faites de marbre et il fut donc substantifique de voir que ce marbre oppose sa masse saillante et maligne au ciseau du sculpteur.

« Tels étaient les Grecs ! » A entendre ce cri, vous eussiez cru que chacun, vainqueur généreux de la pierre, avait une conquête personnelle à célébrer ; qu'il l'avait jadis de ses propres mains forcée à lui accorder son Hermès, son Apollon. Mais alors les ânes, dont les ancêtres avaient connu l'écurie des grottes, mirent un terme à la méditation des hommes, qui descendirent, six à la queue leu leu, gravement, la colline. Ils avaient vu Marathon et Salamine, et Athènes même leur eût appartenu, sans le nuage qui la caressait ; enfin, ils sentaient autour d'eux de formidables présences. Et, pour se montrer dûment inspirés, ils ne se bornèrent pas à partager leur outre de vin avec les petits paysans grecs qui les escortaient, ils condescendirent bel et bien à leur parler leur langue, enfin celle que Platon eût parlée s'il l'eût apprise à Harrow. Eurent-ils tort ou raison, nous laissons à d'autres le soin d'en décider. Mais que du grec, parlé en sol grec, ne fût point compris par des Grecs, voilà qui anéantit d'un seul coup d'un seul toute la population de la Grèce, hommes, femmes et enfants. En un instant si critique, il vint aux lèvres des Anglais ce mot que Sophocle eût pu prononcer et Platon approuver : « Barbares ! » Les dénoncer ainsi, ce n'était pas seulement s'acquitter d'un devoir envers les morts, mais se déclarer leurs héritiers légitimes ; et, pendant quelques minutes, les carrières du Pentélique tonnèrent la nouvelle à tous ceux qui pouvaient dormir sous le marbre ou hanter les cavernes. Démasqués les imposteurs ; arrêtée, démasquée la race moricaude et bavarde, volubile autant que velléitaire, qui depuis si longtemps parodiait la langue et usurpait le nom des grands. Obtempérant au cri, voilà le muletier qui tombe sur sa bête — une mule blanche qui ouvrait la marche — avec le zèle de celui qui sauve sa peau en n'épargnant pas celle d'autrui. Car lorsque les Anglais crièrent, il jugea qu'il fallait forcer l'allure. Quel meilleur interprète ? Tel était le mot du moment, un poète n'eût pas fait mieux, un prosateur eût fait moins bien. Et ainsi, sur ce seul cri, nos Anglais dégringolèrent de leur pinacle, et se mirent à dévaler les pentes à grand fracas, avec la joviale insouciance de qui possède le pays.

Mais la descente du Pentélique est freinée par une corniche verte et plate, où la nature semble se redresser un instant avant de replonger à pic. Il y a de grands platanes qui étendent leurs mains bienveillantes ; et il y a des petits buissons confortables sagement alignés ; il y a encore une rivière qui chante, croirait-on, leurs louanges et les délices du bon vin et des chansons. On croirait entendre la voix de Théocrite dans sa plainte sur les cailloux, et certains des Anglais l'entendirent, quoique le texte prît la poussière chez eux. Ce fut bien là, en tout cas, que la nature et le chant de l'esprit classique poussèrent les six amis à faire halte pour se reposer. Leurs guides se retirèrent, non point si loin qu'on ne les vît se livrer à leurs cabrioles de barbares, tanguer et chanter, se tirer par la manche et parler de la grappe alors violette dans le champ. Pourtant, s'il est une chose que nous savons bien sur les Grecs, c'est qu'ils étaient peuple pondéré, le verbe et le geste mesurés ; que, lorsqu'ils s'asseyaient au bord de la rivière sous un platane, ils se disposaient comme le peintre les eût représentés sur la poterie : le vieillard menton appuyé sur son bâton, le front faisant ombre au jeune homme étendu dans l'herbe à ses pieds, tandis qu'à l'arrière-plan passaient, muettes et graves, drapées de blanc, des femmes, la cruche en équilibre sur l'épaule. Aucun docteur d'Europe n'eût modifié cette image, ni convaincu nos amis que quiconque était mieux placé qu'eux pour construire de telles représentations.

Ils s'étendirent donc à l'ombre, et ce n'est pas leur faute ni celle des anciens si leur discours ne fut pas tout à fait à la hauteur, dans sa forme du moins, de son noble modèle. Mais, comme les dialogues sont encore plus difficiles à écrire qu'à dire et qu'il est douteux qu'aucun dialogue écrit ait été dit et vice versa, nous ne sauverons ici que les fragments qui concernent notre histoire. Du moins dirons-nous ceci, que l'entretien fut le plus beau du monde.

Il porta sur bien des sujets, les oiseaux et les renards, l'effet de la térébenthine dans le vin, la façon dont les anciens faisaient le fromage, le statut de la femme dans la Cité — il y avait à dire ! —, le vers de Sophocle, la façon de seller les ânes ; ainsi, tel l'aigle qui s'élève et fond dans les airs, l'entretien finit par tomber sur la vieille énigme coriace du Grec moderne et de sa position dans le monde actuel. Les uns, de complexion optimiste, lui revendiquaient un présent, d'autres, moins crédules mais positifs tout de même, lui prédisaient un avenir, d'autres encore, imaginations généreuses, rappelaient un passé. Mais il en restait un pour battre en brèche toutes ces superstitions, en cognant sur une souche d'olivier racornie, et il ne ménagea ni gestes ni fortes paroles pour démontrer ce que les Grecs avaient été, qu'ils n'étaient plus.

Un tel peuple, dit-il — et comme il parlait le soleil brillait au ciel, un aigle d'or planait sur la colline —, était soudain comme l'aube et se mourait comme meurt le jour en Grèce, abîmé. Ignorant de tout ce qui doit être ignoré — charité, religion, vie de famille, savoir et science —, il s'était fixé pour idéal le beau et le bon et les avaient jugés suffisants pour ce monde-ci, et une infinité de mondes à venir. « Là où les Grecs étaient modestes... », mais pour achever sa citation, car il lui fallait lire ce qu'aucun d'eux n'aurait pu dire, il voulut recourir à son Peacock[2], or il l'avait oublié dans les ruines d'Alexandrie avec certaines chaussettes et une boîte de tabac (qu'il regrettait plus encore), si bien qu'il dut reprendre un ton plus bas, mais avec la même conviction que devant. Il dit donc comment les Grecs, par l'ellipse du superflu, avaient révélé la statue parfaite, la strophe suffisante, tandis que nous, en les surchargeant de nos guenilles de sentiment et d'imagination, en avons obscurci la ligne et détruit la substance. Regardez donc, s'exclama-t-il, l'Apollon d'Olympie, la tête de jeune garçon à Athènes, lisez l'*Antigone*, promenez-vous dans les ruines du Parthénon, et demandez-vous s'il reste à leurs pieds ou à leur flanc le moindre espace où puisse se glisser une forme de beauté plus récente. N'est-il pas plutôt vrai, comme le souffle la rêverie dans le noir ou l'aube blafarde, que les formes de la beauté attendaient dans le vague en nombre limité que la pensée les réalisât, comme les Grecs dans le cercle de la pierre et de la langue — et libre à nous d'admirer en silence ou de battre l'air vide de nos bras?

Un autre lui répondit, dont la réputation était déjà entachée d'hérésie pernicieuse puisqu'il avait, un an seulement auparavant, usé d'un tout nouveau vote pour affirmer que le grec devait cesser de «valoir des coups de fouets à des garnements imbéciles». Il était pourtant docteur lui-même. Son raisonnement — mais défions-nous du dialogue — était, à quelques interjections près qu'il serait vain de vouloir transcrire, celui-ci :

«Quand vous parlez des Grecs, vous en parlez en sentimental échevelé, et que vous aimez en parler! Vous les adorez, et quoi d'étonnant puisqu'ils représentent, comme vous venez de le dire, tout le noble dans l'art, tout le vrai en philosophie et vous auriez pu ajouter, vous qui avez eu une mention passable à l'oral, que vous les nommez les Grecs car il vous semble impie de les nommer Italiens, Français ou Allemands ou du nom de tout autre peuple qui construise d'ailleurs des flottes plus grandes que la nôtre ou parle une langue que nous comprenons. Non, donnons-leur un nom qui s'écrive de plusieurs façons, qui convienne à plusieurs peuples, que les étymologistes puissent définir, les archéologues discuter, qui puisse en un mot signifier tout ce que nous ne connaissons pas, que nous rêvons et désirons — vous du moins. D'ailleurs, pourquoi liriez-vous leurs écrits, n'en êtes-vous pas les auteurs? Leurs pages mystiques et secrètes embaument tout ce que vous avez tenu pour beau en art, vrai en philosophie. Car il y a, savez-vous, une âme de beauté issue du paganisme qui se dégage, innommée, de Milton comme elle se dégage de la baie de Marathon; à nous peut-être elle échappera, car nous ne croyons pas aux fantômes, mais je ne doute pas que vous, en cet instant précis, vous employiez à lui donner un nom grec, une forme grecque. N'est-ce pas déjà ce ''je ne sais quoi de grec'' une part, et la meilleure, de Platon et de Sophocle — de tous ces livres obscurs que vous n'avez jamais lus dans le texte. Ainsi, tandis que vous lisez votre grec sur les pentes du Pentélique, niez-vous que ses enfants soient toujours là, alors que nous, universitaires...

«O ignare illogique...» La réponse eût duré jusqu'au bas du paragraphe si une autre réplique n'était intervenue, qui sembla concluante quoiqu'elle ne vînt pas du ciel mais tout simplement du flanc de la montagne. Les buissons craquèrent et ployèrent et une grande forme brune en surgit, tête cachée par le fagot de bois sec porté sur l'épaule. On espéra d'abord qu'il s'agissait d'un beau spécimen d'ours brun, mais, à y mieux regarder, on vit que c'était un moine qui s'acquittait des humbles besognes du monastère voisin. Il ne vit pas les six Anglais avant d'être sur eux, et alors leur présence le fit se redresser et les regarder, comme tiré contre son gré de plaisantes méditations. Ils virent donc qu'il était grand et bien fait, le nez et le front d'une statue grecque. Certes, il était barbu, les cheveux longs, et il y avait tout lieu de croire qu'il était sale et illettré. Mais à le voir là, geste en suspens, yeux écarquillés, un espoir fou, pathétique, fulgura dans l'esprit des Anglais : c'était là une des figures originelles qui, plongées dans la terre brute, ont résisté au temps et témoignent des commencements et du type humain à l'état pur ; l'Homme existe peut-être.

Mais l'esprit des Anglais ne sait plus — cette grâce se rencontre peut-être encore en Russie — voir la fourrure pousser sur des oreilles lisses, ou des sabots fourchus là où l'on distingue dix orteils. Cependant, il lui est encore donné de voir autre chose, de plus beau peut-être. Toujours est-il que les six Anglais étendus sous le platane se sentirent tout d'abord obligés de ramener leurs membres abandonnés, de s'asseoir bien droits et de rendre son regard au moine en robe brune, d'homme à homme. Telle était la force de l'œil qui les fixait — car il n'était pas seulement rendu limpide par la brise des oliveraies, mais illuminé par un autre pouvoir, qui survit aux arbres, et même les plante. Et, à coup sûr, interprétez la chose comme il vous plaira, énoncez-la comme un fait, murmurez au miracle — l'un n'empêche pas l'autre —, cet éclat était tel qu'il fit bruisser les arbres et souffler l'air. Et des milliers de petites créatures s'agitèrent dans l'herbe, et la terre fut d'un bloc sous les pieds à des kilomètres à la ronde. Et l'atmosphère ne fut pas bornée à ce jour, cet horizon, elle se déployait comme une rivière translucide, de toutes parts, incommensurable, ceignant le monde de son éternité. Tel était l'éclat de l'œil du moine en robe brune, et penser à la mort, la poussière, la destruction sous ce regard, autant mettre au feu une feuille de papier de soie. Car il était perçant et filait comme la flèche qui trace la chaîne d'or des âges et des races jusqu'à ce que les formes des hommes et des femmes, du ciel et des arbres se dressent sur son passage, longue perspective ininterrompue d'un bout à l'autre du temps. Et les Anglais n'auraient pu dire à cet instant en quel point ils se trouvaient, car la perspective était lisse comme un anneau d'or. Mais les Grecs, entendons Platon, Sophocle et leurs pairs, leur furent proches, tels des amis ou des amants, et ils respirèrent le même air qui avait baisé la joue et fait frissonner la vigne; seulement, comme des jeunes gens, ils se bousculaient tout de même pour s'avancer, interroger l'avenir. Une flamme comme celle de l'œil du moine — qui avait pourtant erré dans des lieux obscurs depuis et brillé sur le côteau aride, parmi les pierres et les arbres rabougris — avait jadis été allumée au foyer originel et brûlerait encore sans nul doute dans la tête du moine ou du paysan quand se seraient écoulés plus de siècles que l'esprit humain n'en peut compter. Tout ce que dit le moine cependant, ce fut χαλισπερα, c'est-à-dire bonsoir, et, fait curieux, ce fut au monsieur qui avait été le premier à proclamer la ruine de sa race qu'il s'adressa. Et, tandis que ce dernier retirait sa pipe de sa bouche et qu'il se levait pour rendre le salut, il eut la conviction de parler de Grec à Grec, et que, si Cambridge condamnait cette relation, les flancs du Pentélique et les oliveraies de Mendeli lui donnaient leur aval.

Mais le crépuscule qui coupe court au jour grec fendait le ciel comme un couteau; et, tandis qu'on rentrait chez soi par la corniche, entre les vignes, les lumières s'allumaient dans les rues d'Athènes et il fut question de souper et de se mettre au lit.

Notes

Cette traduction est proposée d'après les textes établis par Susan Dick.

Phyllis et Rosamond

(La nouvelle a été écrite en 1906.)
1. Jour où Shakespeare ouvrit les portes du fameux théâtre du Globe.
2. Magna Carta, la grande charte des libertés anglaises, accordée par le roi John en 1215 sous les menaces de guerre civile.
3. Walter Pater (1839-1894), critique, essayiste et romancier anglais. Il fit ses études à Oxford où il devait enseigner lui-même après avoir renoncé au sacerdoce, sa première vocation. Son culte de la beauté le conduisit en Italie où il admira les chefs-d'œuvre de la Renaissance.
4. Sir Thomas vient sans doute de raconter l'histoire du comte de Mayo, sixième du nom, nommé vice-roi des Indes en 1868 et assassiné dans les îles Andaman.
5. La statue d'Achille se trouve à peu près à l'angle sud-est de Hyde Park, c'est-à-dire non loin de Belgravia, où habitent les Hibbert.
6. *A respectable KC*, dit le texte anglais. Avocat membre du King's Council, représentant l'élite privilégiée — et fortunée — de l'Ordre.
7. Bloomsbury, alors quartier bohème de Londres, par opposition à Kensington, qui était déjà un quartier chic. Entre la mort de son père et son mariage avec Leonard Woolf, Virginia Woolf a vécu à Bloomsbury avec sa sœur Vanessa, qui était peintre, et ses deux frères.
8. George Romney (1764-1802), contemporain de Reynolds et Gainsborough, portraitiste célèbre.

Miss V. et son mystère

(Vraisemblablement écrite en 1906 aussi.)
1. La syntaxe anglaise ne permet pas de déterminer le sexe du narrateur. En l'absence d'indices de distanciation, et aussi parce que les conventions sociales de l'époque rendent la familiarité d'une visite à l'improviste peut-

être plus plausible de la part d'une femme, j'ai choisi de confondre l'auteur et l'énonciateur, privant ce dernier de son androgynie originale.

2. Sa carte : il était d'usage de présenter un petit panonceau dans les halls d'entrée des immeubles pour indiquer si l'on était chez soi ou non, afin d'épargner aux visiteurs la peine de monter pour rien.

3. Dans la première version de la nouvelle, une fois la porte ouverte, la narratrice découvrait Mary V. assise à une table.

Le journal de Maîtresse Joan Martyn

(Nouvelle écrite en 1906 lors d'un séjour que Virginia Woolf (V.W.) faisait avec sa sœur à Blo' Norton Hall dans le Norfolk. Elle a décrit la demeure élisabéthaine et la campagne environnante dans sa correspondance. La nouvelle n'ayant pas été publiée du vivant de V.W., les incohérences flagrantes de certaines dates et de certaines situations n'ont pas été revues. La romancière n'utilise ici pratiquement aucun effet de «couleur temporelle» dans le langage de ses personnages ; on n'y relève guère que l'archaïsme *tho' (you)*.)

1. Les *Paston Letters* : 1422-1509. V.W. y fait plus amplement référence dans *The Common Reader*.

2. Le 12 juillet 1690, la bataille de La Boyne opposait les armées de Jacques II à celles de Guillaume d'Orange ; ce fut une victoire pour les orangistes.

3. Le 2 juillet 1644, la bataille de Marston Moor opposait les parlementaires, appuyés par les Écossais, aux royalistes ; les royalistes y furent défaits et les espoirs de leur cause temporairement anéantis.

4. Il semble qu'il y ait ici une allusion au livre de John Lydgate, *Temple of Glas*, mais c'est sans doute au *Troy-book* du même auteur que V.W. pense.

5. Joan Martyn semble ici se faire l'écho de la Bible, Proverbes, 31, 10-31 («Éloge de la femme de caractère»).

Mémoires de romancière

1. Charing Cross Road, dont il sera de nouveau question dans «l'Ode», est la rue où se trouvaient autrefois les bouquinistes.

2. C.C. Sturm, *Beauties of Nature Delineated*, Londres, 1800.

3. W. Bright, *A History of the Church*, Londres, 1860.

4. W. Wordsworth, *Lines Composed a Few Miles Above Tintern Abbey*.

5. Harriet Martineau (1802-1876), journaliste et romancière qui prônait les réformes sociales et la libre-pensée.

NOTES

La soirée

(Sans date.)
1. Citation du premier vers du poème «Stances», avril 1814, de Shelley, dont on trouvera ici la première et la dernière strophe, dans la traduction de Maurice Castelain :

> Va-t'en! Va-t'en! La lande est sombre sous la lune
> Et le dernier rayon du soir pâle est éteint
> Bu par les rapides nuées;
> Va-t'en! Les vents bientôt appelleront la nuit,
> Les ténèbres bientôt viendront ensevelir
> Les sereines clartés du ciel.
>
> Tu te reposeras au tombeau — mais avant
> Que ces spectres aient fui, qui te rendaient si chers
> La maison, le jardin, la lande,
> Mémoire et repentir, profondes rêveries,
> Tout reste prisonnier de deux voix musicales,
> De l'éclat d'un charmant sourire.

Sympathie

(Nouvelle vraisemblablement écrite au printemps 1919.)
1. *Sympathy* a en anglais le sens de «sympathie» et de «condoléances».
2. Première version de la fin de la nouvelle : «Que me dites-vous là? En fait, Humphry est vivant, vous n'avez jamais ouvert la porte de la chambre ni cueilli d'anémones et moi j'ai perdu ma peine? La mort ne s'est jamais cachée derrière l'arbre et il va falloir que je dîne avec vous encore des années, avec tout mon temps pour éclaircir cette histoire de meubles? Humphry, Humphry, tu aurais dû mourir!»

Une société

1. Arnold Bennett, l'auteur à succès dont il sera d'ailleurs question dans la nouvelle, avait exprimé son sentiment sur l'infériorité intellectuelle des femmes dans *Our Women*. Virginia Woolf se promettait de contre-attaquer par un article qu'elle n'a jamais écrit, et c'est peut-être ici qu'il faut chercher sa réponse à Bennett.
2. Allusion au fameux canular monté par Virginia Woolf et cinq de ses amis en février 1910. Déguisés en empereur d'Abyssinie et sa suite, ils avaient rendu visite au *Dreadnought*, vaisseau de Sa Majesté.
3. Alfred Lord Tennyson, «Break, break, break».
4. Robert Louis Stevenson Underwoods, «Requiem».

5. Robert Burns, «It was a'for our Rightfu' King».
6. Peut-être une allusion à A.C. Swinburne, «Hymn to Proserpine».
7. Thomas Nashe, «Spring».
8. Robert Browning, «Home-thoughts From Abroad».
9. Charles Kingsley, «The Three Fishers».
10. Alfred Lord Tennyson, «Ode on the Death of the Duke of Wellington».
11. Florilège à ses yeux un peu trop édifiant et dédié à l'honneur, aux valeurs viriles.

Le rideau de Miss Lugton, l'infirmière

(Automne 1924. Nouvelle écrite, nous apprend Leonard Woolf — préface à l'édition Hogarth Press —, pour Ann Stephen, la fille de Vanessa, venue rendre visite à sa tante.)

La veuve et le perroquet, histoire vraie

(Virginia et Leonard Woolf avaient quitté Asheham House, leur maison de campagne, pour Monk's House, dans le village de Rodmell, en septembre 1919.)

Mrs Dalloway dans Bond Street

(Les premières allusions à cette nouvelle apparaissent dans le journal et la correspondance de Virginia Woolf entre avril et août 1922. Elle a d'abord songé à écrire un roman qui s'appellerait *At home : or The Party*, dont cette nouvelle aurait constitué le premier chapitre. Le 14 octobre 1922, elle notait dans son journal que «Mrs Dalloway in Bond Street» prenait le chemin de devenir un roman. Elle l'envoya à T.S. Eliot, alors rédacteur en chef de *Criterion*, le 4 juin 1923, tout en notant qu'il manquait encore quelque chose. Le lecteur repérera les similitudes avec l'ouverture du roman *Mrs Dalloway*.)

1. P.B. Shelley, «Adonaïs», strophe XI. Clarissa Dalloway fait sa première apparition dans *La Traversée des apparences*, et elle y évoque déjà ce poème. Le vers que Mrs Dalloway répète appartient à la strophe suivante (traduction de Maurice Castelain) :

> Lui, son vol a franchi l'ombre de notre nuit ;
> Le mal, la calomnie, et l'envie, et la haine
> Ni l'agitation qu'on prend pour le plaisir,
> Rien ne peut désormais le troubler, le toucher :
> Soustrait de notre monde, à l'abri de ses tares,
> De sa lente souillure, il ne souffrira pas
> De voir son cœur vieillir et sa tête blanchir,

NOTES

> Et lorsque l'âme enfin cessera de brûler
> N'emplis pas de cendres mortes
> Une urne où nul ne vient pleurer.

2. Edward Fitzgerald, « The Rubayat of Omar Khayyam ».
3. Lords, le parc où se déroule les matches de cricket ; Ascot, l'hippodrome ; Hurlingham, le haut lieu du polo. Mrs Dalloway se demande lequel attire les foules ce matin-là.
4. John Sargent (1856-1925), le portraitiste américain des élégantes.

Le bonheur

(Mars 1925 ; cette nouvelle, ainsi que les trois suivantes, se déroule pendant la soirée de Mrs Dalloway. D'autres, qui ont également cette soirée pour théâtre, ont été publiées dans *La Mort de la phalène*, Éd. du Seuil, 1968, trad. Hélène Bokanovski.)
1. Sarah Kemble Siddons (1755-1831), l'actrice la plus célèbre de son temps.
2. Allusion à l'uniforme des salutistes.

Ancêtres

(Mai 1925 ; aurait constitué le troisième chapitre du roman projeté au départ.)

Présentations

(1925.)
1. Virginia Woolf a supprimé le passage suivant : « En ligne directe de Shakespeare, se dit-elle, des parlements et des églises, oui, oui, et des fils télégraphiques ; et ostensiblement, de propos délibéré, elle supplie Mr Brinsley de la croire implicitement lorsqu'elle lui offre son mémoire — qu'il en fasse ce qu'il voudra, qu'il le piétine ou le mette en pièces : comment un enfant comprendrait-il un seul instant qui était Jonathan Swift ? »

Mélodie simple

(1925.)
1. Probablement une allusion à l'Exposition coloniale qui s'était tenue à Wembley d'avril à octobre 1924. Voir « Tonnerre à Wembley », in *La Mort de la phalène, op. cit.*
2. La reine Mary, femme de George V, qui régna de 1910 à 1936.
3. Voir « La robe neuve » in *La Mort de la phalène, op. cit.*

4. Voir « Le bonheur ».
5. Voir « L'homme qui aimait son prochain », in *La Mort de la phalène, op. cit.*
6. John Crome (1768-1821), paysagiste de l'école de Norwich.

La fascination de l'étang

(29 mai 1929.)
1. L'Exposition universelle qui s'était tenue au Crystal Palace de Hyde Park avait été inaugurée par la reine Victoria le 1er mai 1851.

Trois tableaux

(Juin 1929.)
1. Le titre anglais « Three Pictures » peut aussi bien évoquer des images que des tableaux ; on imaginerait même assez bien une séquence dramatique de cartes postales comme on en faisait au début du siècle.
2. Virginia Woolf a esquissé cette « scène de cimetière » dans son journal, le 4 septembre 1927.

Scènes de la vie d'un officier de marine britannique

(Probablement fin 1931.)

Ode écrite avec des passages en prose pour avoir lu le nom de Cutbush sur une boucherie à Pentonville

(Octobre 1934.)
1. Dans la poésie anglaise, le genre ode n'implique pas de contraintes particulières ; d'autre part, si l'accent tonique est toujours sur la dernière syllabe sonore du mot en français, en anglais sa position varie et la poésie anglaise est ainsi affaire de rythme bien plus que de rime. Il n'en reste pas moins que Virginia Woolf s'amuse manifestement dans son titre, car, si des rythmes privilégiés ou des rimes internes apparaissent bien dans le texte, le lecteur anglais lui-même aurait du mal à faire la part du vers et de la prose.
2. Lord Byron a traversé l'Hellespont à la nage (voir son poème « Swimming from Sestos to Abydos » écrit en 1812).
3. Frederick Leighton (1830-1896), contemporain de Puvis de Chavannes et d'autres symbolistes, peintre et sculpteur, s'est inspiré de l'Antiquité gréco-romaine, mais à l'époque victorienne la bienséance voulait que l'on représentât les nus voilés d'étoffes vaporeuses, des linges de pudeur en somme, d'où l'apparente incohérence « nus... en toges ».

NOTES

Portraits

1. Dans les années quatre-vingt-dix, les conducteurs et les receveurs d'omnibus qui passaient devant les hôtels des Rothschild à Piccadilly vers la Noël recevaient des faisans; pour faire honneur à ce présent, ils décoraient leurs fouets et leurs clochettes de rubans aux couleurs des Rothschild.
2. Vernon Lee est le pseudonyme de l'écrivain Violet Paget (1856-1935), Ouida celui de Marie-Louise de La Ramée (1839-1908), auteur de romans populaires qui a passé une grande partie de sa vie en Italie.

Le symbole

(Mars 1941; le texte de la nouvelle était tapé au verso du roman *Entre les actes*. Virginia Woolf a supprimé plusieurs passages du texte original de sorte que ce que nous lisons est moins explicite, plus elliptique que la première version.)

La station balnéaire

(Également écrite au verso de *Entre les actes*, moins d'un mois avant le suicide de Virginia Woolf. Il s'agit sans doute de sa dernière œuvre de fiction achevée.)

Dialogue sur le Pentélique

(La nouvelle est encore inédite en Angleterre; elle a paru dans le supplément littéraire du *Times*, en 1987. On a lieu de supposer qu'il s'agit d'une œuvre de jeunesse, sans doute légèrement antérieure à «Phyllis et Rosamond» mais il a été impossible de la dater avec certitude, c'est pourquoi elle est ici placée à la fin du recueil. Ce qui est certain, c'est que Virginia Woolf l'a écrite après son voyage de 1906 en Grèce, voyage qu'elle avait entrepris avec sa sœur Vanessa et ses deux frères, Thoby et Adrian, tous deux formés par Cambridge. Le récit prend son importance une fois replacé dans le parcours de l'écrivain et dans celui du groupe de Bloomsbury : on y trouve d'une part l'attitude des uns et des autres vis-à-vis de la Grèce antique et des Grecs modernes à travers les propos que le narrateur rapporte avec ironie, et d'autre part un des premiers «instants de vision» woolfiens.)

1. Baedeker, le vade-mecum des touristes anglais à travers l'Europe. Les romanciers ont souvent moqué ce prêt à penser et admirer du voyageur frileux, ainsi E.M. Forster dans *Chambre avec vue* et Henry James dans *La Muse tragique*.
2. Peacock, Thomas Love (1785-1866), romancier anglais ami de Shelley qui adopta cependant face au Romantisme une attitude sarcastique.

Table

Préface 7

PREMIERS ÉCRITS

Phyllis et Rosamond	11
Miss V. et son mystère	27
Le journal de Maîtresse Joan Martyn	30
Mémoires de romancière	68

1917-1921

La soirée	82
Sympathie	90
Une société	95
Le rideau de Miss Lugton, l'infirmière	112
La veuve et le perroquet, histoire vraie	115

1922-1925

Mrs Dalloway dans Bond Street	125
Le bonheur	135
Ancêtres	139
Présentations	143
Mélodie simple	149

1926-1941

La fascination de l'étang	157
Trois tableaux	160
Scènes de la vie d'un officier de marine britannique	164
Miss Pryme	167
Ode écrite avec des passages en prose pour avoir lu le nom de Cutbush sur une boucherie à Pentonville	170
Portraits	175
Oncle Vania	182
Bohême, la bâtarde	184
Le symbole	194
La station balnéaire : flux - reflux	198
Dialogue sur le Pentélique	200
Notes	207

IMPRIMERIE BRODARD ET TAUPIN À LA FLÈCHE
DÉPÔT LÉGAL OCTOBRE 1991. N° 13399 (6002E-5)

Du même auteur

AUX MÊMES ÉDITIONS

La Mort de la phalène, *1968*
coll. « Points Roman » n° 59

L'Art du roman, *1963*

La Fascination de l'étang, *1990*

AUX ÉDITIONS STOCK

L'œuvre romanesque *

La Chambre de Jacob – Mrs Dalloway –
La Promenade au phare, *1973*

L'œuvre romanesque **

Orlando – Les Vagues – Entre les actes, *1974*

L'œuvre romanesque ***

Flush – Années – Instants de vie, *1979*

Journal
Tome I (1915/1918), *1981*
Tome II (1919/1922), *1982*
Tome III (1923/1927), *1983*
Tome IV (1928/1930), *1985*
Tome V (1931/1933), *1986*
Tome VI (1934/1936), *1987*
Tome VII (1937/1938), *1989*

Correspondance avec Vita Sackville-West, *1985*

AUX ÉDITIONS DENOËL

Une chambre à soi, *1965*

AUX ÉDITIONS DES FEMMES

Trois Guinées – L'Autre Corps
(Virginia Woolf/Viviane Forrester), *1977*
Freshwater, *1981*
Les Fruits étranges et brillants de l'art, *1983*
Le Livre sans nom : Les Pargiter, *1985*
De la lecture, de la critique, *1989*

AUX ÉDITIONS BOURGOIS

La Scène londonienne, *1984*
Journal d'un écrivain, *1984*

AUX ÉDITIONS BOURGOIS

La Traversée des apparences, *1985*
Nuit et Jour, *1985*

AUX ÉDITIONS NATHAN

Le Dé en or, *1983*

AUX ÉDITIONS OBSIDIANE

Beau Brummel et autres essais, *1985*

Collection Points

SÉRIE ROMAN

DERNIERS TITRES PARUS

R330. Le Bruit du temps, *par Ossip E. Mandelstam*
R331. La Diane rousse, *par Patrick Grainville*
R332. Les Éblouissements, *par Pierre Mertens*
R333. Talgo, *par Vassilis Alexakis*
R334. La Vie trop brève d'Edwin Mullhouse
       par Steven Millhauser
R335. Les Enfants pillards, *par Jean Cayrol*
R336. Les Mystères de Buenos Aires, *par Manuel Puig*
R337. Le Démon de l'oubli, *par Michel del Castillo*
R338. Christophe Colomb, *par Stephen Marlowe*
R339. Le Chevalier et la Reine, *par Christopher Frank*
R340. Autobiographie de tout le monde, *par Gertrude Stein*
R341. Archipel, *par Michel Rio*
R342. Texas, tome 1, *par James A. Michener*
R343. Texas, tome 2, *par James A. Michener*
R344. Loyola's blues, *par Erik Orsenna*
R345. L'Arbre aux trésors, légendes, *par Henri Gougaud*
R346. Les Enfants des morts, *par Henrich Böll*
R347. Les Cent Premières Années de Niño Cochise
       par A. Kinney Griffith et Niño Cochise
R348. Vente à la criée du lot 49, *par Thomas Pynchon*
R349. Confessions d'un enfant gâté
       par Jacques-Pierre Amette
R350. Boulevard des trahisons, *par Thomas Sanchez*
R351. L'Incendie, *par Mohammed Dib*
R352. Le Centaure, *par John Updike*
R353. Une fille cousue de fil blanc, *par Claire Gallois*
R354. L'Adieu aux champs, *par Rose Vincent*
R355. La Ratte, *par Günter Grass*
R356. Le Monde hallucinant, *par Reinaldo Arenas*
R357. L'Anniversaire, *par Mouloud Feraoun*
R358. Le Premier Jardin, *par Anne Hébert*
R359. L'Amant sans domicile fixe
       par Carlo Fruttero et Franco Lucentini
R360. L'Atelier du peintre, *par Patrick Grainville*

R361. Le Train vert, *par Herbert Lieberman*
R362. Autopsie d'une étoile, *par Didier Decoin*
R363. Un joli coup de lune, *par Chester Himes*
R364. La Nuit sacrée, *par Tahar Ben Jelloun*
R365. Le Chasseur, *par Carlo Cassola*
R366. Mon père américain, *par Jean-Marc Roberts*
R367. Remise de peine, *par Patrick Modiano*
R368. Le Rêve du singe fou, *par Christopher Frank*
R369. Angelica, *par Bertrand Visage*
R370. Le Grand Homme, *par Claude Delarue*
R371. La Vie comme à Lausanne, *par Erik Orsenna*
R372. Une amie d'Angleterre, *par Anita Brookner*
R373. Norma ou l'exil infini, *par Emmanuel Roblès*
R374. Les Jungles pensives, *par Michel Rio*
R375. Les Plumes du pigeon, *par John Updike*
R376. L'Héritage Schirmer, *par Eric Ambler*
R377. Les Flamboyants, *par Patrick Grainville*
R378. L'Objet perdu de l'amour, *par Michel Braudeau*
R379. Le Boucher, *par Alina Reyes*
R380. Le Labyrinthe aux olives, *par Eduardo Mendoza*
R381. Les Pays lointains, *par Julien Green*
R382. L'Épopée du buveur d'eau, *par John Irving*
R383. L'Écrivain public, *par Tahar Ben Jelloun*
R384. Les Nouvelles Confessions, *par William Boyd*
R385. Les Lèvres nues, *par France Huser*
R386. La Famille de Pascal Duarte, *par Camilo José Cela*
R387. Une enfance à l'eau bénite, *par Denise Bombardier*
R388. La Preuve, *par Agota Kristof*
R389. Tarabas, *par Joseph Roth*
R390. Replay, *par Ken Grimwood*
R391. Rabbit Boss, *par Thomas Sanchez*
R392. Aden Arabie, *par Paul Nizan*
R393. La Ferme, *par John Updike*
R394. L'Obscène Oiseau de la nuit, *par José Donoso*
R395. Un printemps d'Italie, *par Emmanuel Roblès*
R396. L'Année des méduses, *par Christopher Frank*
R397. Miss Missouri, *par Michel Boujut*
R398. Le Figuier, *par François Maspero*
R399. La Solitude du coureur de fond, *par Alan Sillitoe*
R400. L'Exposition coloniale, *par Erik Orsenna*
R401. La Ville des prodiges, *par Eduardo Mendoza*
R402. La Croyance des voleurs, *par Michel Chaillou*

R403. Rock Springs, *par Richard Ford*
R404. L'Orange amère, *par Didier van Cauwelaert*
R405. Tara, *par Michel del Castillo*
R406. L'Homme à la vie inexplicable, *par Henri Gougaud*
R407. Le Beau Rôle, *par Louis Gardel*
R408. Le Messie de Stockholm, *par Cynthia Ozick*
R409. Les Exagérés, *par Jean-François Vilar*
R410. L'Objet du scandale, *par Robertson Davies*
R411. Berlin mercredi, *par François Weyergans*
R412. L'Inondation, *par Evguéni Zamiatine*
R413. Rentrez chez vous Bogner !, *par Heinrich Böll*
R414. Les Herbes amères, *par Chochana Boukhobza*
R415. Le Pianiste, *par Manuel Vázquez Montalbán*
R416. Une mort secrète, *par Richard Ford*
R417. La Journée d'un scrutateur, *par Italo Calvino*
R418. Collection de sable, *par Italo Calvino*
R419. Les Soleils des indépendances, *par Ahmadou Kourouma*
R420. Lacenaire (un film de Francis Girod), *par Georges Conchon*
R421. Œuvres pré-posthumes, *par Robert Musil*
R422. Merlin, *par Michel Rio*
R423. Charité, *par Éric Jourdan*
R424. Le Visiteur, *par György Konrad*
R425. Monsieur Adrien, *par Franz-Olivier Giesbert*
R426. Palinure de Mexico, *par Fernando Del Paso*
R427. L'Amour du prochain, *par Hugo Claus*
R428. L'Oublié, *par Elie Wiesel*
R429. Temps zéro, *par Italo Calvino*
R430. Les Comptoirs du Sud, *par Philippe Doumenc*
R431. Le Jeu des décapitations, *par Jose Lezama Lima*
R432. Tableaux d'une ex, *par Jean-Luc Benoziglio*
R433. Les Effrois de la glace et des ténèbres, *par Christoph Ransmayr*
R434. Paris-Athènes, *par Vassilis Alexakis*
R435. La Porte de Brandebourg, *par Anita Brookner*
R436. Le Jardin à la dérive, *par Ida Fink*
R437. Malina, *par Ingeborg Bachmann*
R438. Moi, laminaire, *par Aimé Césaire*
R439. Histoire d'un idiot racontée par lui-même *par Félix de Azúa*
R440. La Résurrection des morts, *par Scott Spencer*
R441. La Caverne, *par Eugène Zamiatine*
R442. Le Manticore, *par Robertson Davies*
R443. Perdre, *par Pierre Mertens*

R444. La Rébellion, *par Joseph Roth*
R445. D'amour P. Q., *par Jacques Godbout*
R446. Un oiseau brûlé vif, *par Agustin Gomez-Arcos*
R447. Le Blues de Buddy Bolden, *par Michael Ondaatje*
R448. Étrange séduction (Un bonheur de rencontre)
       par Ian McEwan
R449. La Diable, *par Fay Weldon*
R450. L'Envie, *par Iouri Olecha*
R451. La Maison du Mesnil, *par Maurice Genevoix*
R452. La Joyeuse Bande d'Atzavara
       par Manuel Vázquez Montalbán
R453. Le Photographe et ses Modèles, *par John Hawkes*
R454. Rendez-vous sur la terre, *par Bertrand Visage*
R455. Les Aventures singulières du soldat Ivan Tchonkine
       par Vladimir Voïnovitch
R456. Départements et Territoires d'outre-mort
       par Henri Gougaud
R457. Vendredi des douleurs, *par Miguel Angel Asturias*
R458. L'Avortement, *par Richard Brautigan*
R459. Histoire du ciel, *par Jean Cayrol*
R460. Une prière pour Owen, *par John Irving*
R461. L'Orgie, la Neige, *par Patrick Grainville*
R462. Le Tueur et son ombre, *par Herbert Lieberman*
R463. Les Grosses Rêveuses, *par Paul Fournel*
R464. Un week-end dans le Michigan, *par Richard Ford*
R465. Les Marches du palais, *par David Shahar*
R466. Les hommes cruels ne courent pas les rues
       par Katherine Pancol
R467. La Vie exagérée de Martin Romana
       par Alfredo Bryce-Echenique
R468. Les Étoiles du Sud, *par Julien Green*
R469. Aventures, *par Italo Calvino*
R470. Jour de silence à Tanger, *par Tahar Ben Jelloun*
R471. Sous le soleil jaguar, *par Italo Calvino*
R472. Les cyprès meurent en Italie, *par Michel del Castillo*
R473. Kilomètre zéro, *par Thomas Sanchez*
R474. Singulières Jeunes Filles, *par Henry James*
R475. Franny et Zooey, *par J. D. Salinger*
R476. Vaulascar, *par Michel Braudeau*
R477. La Vérité sur l'affaire Savolta
       par Eduardo Mendoza
R478. Les Visiteurs du crépuscule, *par Eric Ambler*